低山トラベル

とってあき低山
30座の
山旅ガイド

文と写真　大内　征

二見書房

低山の魅力に取り憑かれ

仙台に生まれ育ち、東京に出てきて学生時代を送り始めたころは、大都会に山があるなんて意識したこともありませんでした。東京の暮らしに憧れていたからか、「街」の賑わいばかりに目を奪われていたようです。都会暮らしにも慣れ、やがて社会に出て働き始めると、なぜか自然とのふれあいに焦《こ》がれるようになりました。

あるとき、中央線の電車から夕陽が沈む西の空を見やると、夕映えの富士の下に、低くたなびく山並みがぼうっと浮かんでいます。その淡いグラデーションがあまりに美しく、忘れかけていた故郷の風景が甦りました。仙台は市街地から山が近く、ぼくが育った丘陵地からは、雪をかぶった泉ヶ岳や奥羽山脈がよく見えます。しばらく忘れていた山の風景が急に懐かしくなり、思い立って登山道具をそろえました。

山に通うようになると、百名山の征服感に充たされる一方、いつしか低い山ならではの魅力が目にとまるようになりました。もともと歴史小説や寺社仏閣が好きで、戦国武将の足跡を辿《たど》ったり古いお寺を訪ねる山旅をしていましたが、里山や低山に今なお歴史が色濃く残っていることに感動し、何度も足を止めたものです。

そんな山行《さんこう》にはまっていたある日、東京西域の山中に入り、長い樹林帯を抜けて晴れやかな稜線に出た先に辿りついたのは雲取山でした。まさに雲を手に取れるほどの、東京で一番高いところから眺めるみごとな山並みに心を躍らせました。ふと山頂の碑に記されている標高を見て、ちょっと待てよと首を傾げました。「２０１７ｍ……？　なんだ、宮城県の最高峰（屏風岳《びょうぶだけ》）より２００ｍも高いじゃないか！」と、自然だけは地方に分があると

思っていたので、目からウロコでした。そうか、東京の西域にはこんなスケールの大きい山と豊かな自然があるんだ。この発見が、都会でモノを消費する遊びから抜け出し、行動のフィールドを西へ広げるきっかけとなりました。

世界有数の大都会・東京は、日本有数の日帰り登山の聖地です。交通の便がいいので、駅からすぐに登山口へという山もあります。神話の舞台となった山や戦国の世の夢の跡、由緒あるお寺の神秘のパワー、絶景と温泉が待つ癒しの山……。旅と自然を愛する人は、これを山で愉しまない手はありません。

そんなわけで、ぼくは今、「日本再発見」のつもりで各地の里山を巡り歩いています。そしてピークハント（山頂を踏む登山）にとらわれない低山ハイクの魅力を伝えることを生業《なりわい》に、〝山の案内人〟も務めながらあちこち飛び廻っています。

ここに収めた30座は、当初リストアップした50座から、篩《ふるい》にかけて選んだ山々。自分の足で覚えた山旅を、言葉に置き換えてみた〝低山ガイド〟です。『日本百名山』で深田久弥さんが名山の基準を示されたように、ぼくなりに定義する名低山は——。歴史や神話の物語が伝わる山、現代に繋がる古い山、姿の良さと個性際立つ山を基準にしています。ちょっと高い山も混じっていますが、いつかきっとチャレンジしたくなるはずです。

「山高きが故に貴《とうと》からず、樹あるをもって貴しとす」

平安時代に人生訓を説いた書『実語教』の一節です。高さだけではなく樹々の緑に恵まれた山を愉しむのも一興でしょう。いつか登ってみたい！　と思う山が見つかることを願っています。ぜひ低山で、一日たっぷり遊ぶ旅へお出かけください。

大内　征

©AFLO
東京の北西に連なる山嶺
大菩薩嶺
雲取山
岩殿山
奥多摩湖
丹沢山塊
大岳山
御岳山
石老山
金比羅山
相模湖
宮ヶ瀬湖
高尾山
仏果山
津久井湖
相模川
多摩湖
多摩川
中央線
彩湖
皇居
荒川
東京湾

富士を仰ぎ見る低山

大菩薩嶺の稜線から富士にご挨拶

©AFLO
丸墓山
宝登山
関東山地
秩父
堂平山
黒山三滝
八ヶ岳山麓
妙法ヶ岳
奥秩父山塊
乾徳山
雲取山
奥多摩湖
狭山湖
御岳山
大菩薩嶺
男具那ノ峰
大岳山
金比羅山
多摩湖
要害山
甲州高尾山
多摩川
甲府盆地
岩殿山
石老山
南アルプス山麓
四尾連湖
〜蛾ヶ岳
河口湖
仏果山
竜ヶ岳
石割山
丹沢山塊
大山
相模川
明神山
富士山
富士川
明星ヶ岳
湯坂路
箱根
相模湾
幕山
伊豆山
沼津アルプス
駿河湾
金冠山
達磨山
房総半島
富山
〜伊予ヶ岳

低山トラベル30座

千葉の秘められた双耳峰をめざす

埼玉は関東屈指の個性派低山ぞろい

東京の山中に神話と歴史を訪ねる

山梨は日本一の山アリ県

tomisan

kuroyamasantaki

konpirasan

神奈川の風土をつくる山と水の恵み

静岡・伊豆を日がな一日遊び尽くす

myojinyama

makuyama

darumayama

各低山の登山コースを示す国土地理院の「地理院地図」を収録しました。実際に出かける時には、登山地図等で詳細なルート情報をご確認ください。また、各山の末尾に「コースガイド」を付記しましたが、「アクセス」は複数のルートをもつ山もあるのでご注意を。「山行時間」は登山口から下山までの〝目安の時間〟なので参考にしてください。

興味のある山について調べるところから、登山は始まります。（著者）

Chiba

千葉の
秘められた双耳峰をめざす

海を見下ろす双耳峰は300mほどの高さだが、
絶景のピークをもつ。
心はずむ南房総の山旅へ、いざ。

富山《とみさん》

349m

伊予ヶ岳から見た富山はみごとな双耳峰。右が北峰。
麓の森と田園の重なりが美しい。向こうの海は相模灘

千葉に伝説の山がある、というと大げさだろうか。高い山がない千葉では、登山シーンが浮かばないが、山の価値は高さだけでは計れない。ここ富山は、江戸時代の冒険ファンタジー『南総里見八犬伝』の舞台となった山。伏姫と愛犬・八房が永遠の眠りについた洞窟があり、耳のような2つの山頂は八犬士の終焉の地。なにやら神秘の気配が漂っている。

神奈川の三浦半島から眺める富山。
2つのピークが犬の耳を想わせる

二つの山頂をもつ山のことを「双耳峰《そうじほう》」というが、これほどみごとな左右対象形の山も珍しい。とくに近くに聳《そび》える伊予ヶ岳から眺める景観はすばらしく、山容きわだつ低山だ。その個性をいっそう引き立てているのが『南総里見八犬伝』の物語である。このあたり一帯の南房総が舞台となっている。

『南総里見八犬伝』は約二百年前、江戸後期の作家・滝沢馬琴《ばきん》によって書かれた「読本《よみほん》」の超大作。大ベストセラーとなり、なんと28年もかけた全一九八巻の長編小説で、原稿料だけで食べていくことができた初めての作家らしい。

映画や演劇にもなり、犬を擬人化した「八犬士」が里見家の家臣として活躍する勧善懲悪の伝奇小説は、江戸読本の最高峰といわれる。そんな歴史を訪ねる山旅を楽しめるのが富山だ。

「八犬伝」の足跡を辿って南峰へ

東京湾沿いに走るJR内房線、岩井駅から県道を歩いて登山口へ向かう途中、無料の市営駐車場がある。車で来た人はここからスタートする。目の前の道を富山中学校方面に入り、そのまま舗装路をまっすぐ歩けば、最初の見どころ「伏姫籠穴《ふせひめろうけつ》」だ。八角形に設えられた伏姫舞台の奥で静かに扉を開いている。

伏姫は物語の始まりで主要な役割をもつ安房《あわ》里見家の姫君で、主人公となる八人の若者の母である。物語の発端で愛犬・八房《やつふさ》

八犬士の徳を象徴する「仁・義・礼・智・忠・信・孝・悌」の八文字が刻まれた数珠玉がある伏姫籠穴

伏姫籠穴の山門をくぐると空気がピリッとする

海を望む東屋に「八犬士」終焉の碑

南峰の頂にひっそりと観音堂

と過ごしたのがこの洞穴だ。ここで起きる由縁《ゆえん》で八犬士が誕生し、物語は大きく展開していく。興味のある方は江戸の冒険ファンタジーを紐解《ひもと》いていただきたい。

　伏姫籠穴の入口は富山登山道の目の前ということもあり、トイレの脇には登山者用に設置された杖がある。ちょっと急な階段が続くので、とくに帰り道には役立つかもしれない。足元が不安な方はありがたく拝借しよう。

　急な登りの木の階段は歩きにくいが、ときおり見える東京湾に元気をもらう。尾根に乗っ越す（峠に出る）と、そこは南峰と北峰とを結ぶ稜線のような道になっている。

　右手に向かうと南峰（観音峰）で、山頂付近の展望のない場所にひっそり観音堂が佇《たたず》んでいる。その裏手を登れば、標高３４２ｍの南峰の頂だ。

　南峰から北峰へ向かう途中には、展望のよい東屋がある。物語の終りに、老いた八犬士はこの山の森のなかに籠《こも》ってしまうが、山の精霊となって、今なお訪れるハイカーを見守っているのだろうか。

　そばにはボタンスギの巨木があり、縁結びのご利益があるという。もしかしたら呼ばれたのかなぁと、初めて訪れた時には思ったものだ。

最寄駅は JR 内房線・岩井駅。車なら鋸南富山 IC。富山中学校からほぼ一本道を東へ辿り山頂へ

右の北峰が南峰より7m高い。
登山道は反対の東京湾側から

吊り尾根を渡って北峰へ

北峰は別名「金比羅峰」と呼ばれている。金比羅宮の裏手が３４９ｍの山頂となっており、東方には伊予ヶ岳や愛宕山《あたごやま》（４０８ｍ・千葉県最高峰）をはじめ南房総の山々が一望できる。

山頂付近には大きな広場と展望台があり、ここからは千葉で人気の高い鋸山《のこぎりやま》や神奈川県の三浦半島も見渡すことができ、旅人の目を楽しませてくれる。晴天ならば、東京湾越しの富士山がすばらしい。

山名の由来は、神話の時代に房総を開拓した天富命《あめのとみのみこと》の名から「とみさん」と名付けられたとされる。山頂の説明によれば、この山そのものに埋葬された説もあるようで、いずれにしても古くから尊い存在として認められた山だったようだ。なお、物語のなかでは「とやま」という。

『南総里見八犬伝』は架空の話だが、実在した里見家の人物が登場し、現存する山との結びつきがあることから、史実のように感じられる。

岩井駅のそばには伏姫と八房がいる。帰るときにはぜひ立ち寄って、よき山旅に感謝したい。

北峰の展望台から振り返れば、もう一つのピーク、南峰

北西には浦賀水道越しに三浦半島が横たわる

岩井駅そばの伏姫公園では物語の始めを飾る「伏姫と八房」が迎えてくれる

君津以南は単線となるJR内房線。沿線には大蘇鉄（千葉県天然記念物）や福聚院などの見どころも

▲コースガイド

アクセス：岩井駅（JR内房線）から徒歩

駐車場：富山中学校近く

山行時間：約3時間

伊予ケ岳《いよがたけ》

336m

北峰から見る南峰は切り立つ岩が迫力満点！

富山《とみさん》と対面して、これまた双耳峰のすばらしい低山がある。その山容は切り立った岩場の連続で「房総のマッターホルン」の異名もあるほどだ。ロープをつかんでの岩登りもあって、とびきり楽しい低山トラベルになるだろう。この山に登れば、千葉の低山の面白さに気づくはずだ。

西方から仰ぎ見る伊予ヶ岳。
岩が突き出す右の頂が南峰

富山とセットで歩く人が多いこの山も、なんと双耳峰だ。山頂が二つある同じサイズの低山が、同じ向きで対峙《たいじ》しているのも珍しい。たかだか３００ｍちょっとの山でしょう？　となめてかかると大変な思いをするのも、富山と同じ。

ところが、山のタイプはちょっと異なる。こちらは切り立った岩場、ロープと鎖《くさり》の連続で、スリルとアドベンチャーが魅力の低山だ。

千葉県で唯一の「岳」

伊予ヶ岳は、千葉県内の山のなかで唯一その名に「岳」という字が当てられた山だ。もともと「岳」とは、高く険しい山を意味する。が、こんな低山にもかかわらずこの字が付けられた理由を考えてみると、やはり「伊予」にヒントがある。

伊予とは、現在の愛媛県にあたる「伊予の国」を指す。そこには霊峰〝伊予の大岳〟こと石鎚山《いしづちさん》（１９８２ｍ・日本百名山）がある。この名山を崇《あが》めていた忌部《いんべ》氏（のち斎部氏）が、天富命《あめのとみのみこと》とともにこの地に渡りきたとき、よく似た岩山を見て懐かしみ、「伊予ヶ岳」と名付けたという……。古代の開拓の物語が、地名や山名として今に伝わる例は日本各地にあることだ。

岳は「嶽」であり、これは山岳信仰との関わりを示唆している。神のいる霊山を御嶽（御岳）と呼ぶことがあり、この伊予ヶ岳も古くは修験や信仰の霊山だったと思わせる形跡がいくつか残っている。

ロープと鎖にチャレンジ

さて、登山口へは、平群天《へぐりてん》神社の脇から入る。やがて中腹に見晴らしのよい休憩所が現れる。景色を眺めながらひと休みしたら、いよいよ岩場に取り付く。

「鎖場」というと、初心者は構えるかもしれない。ちょっとした知識と経験が必要だが、伊予ヶ岳は練習の意味でもちょうどよい。とはいえ、鎖とロープだけに頼りきる行為は禁物だ。

そこで「三点支持（三点確保）」という登山技術を活かす。

両手・両足の4点のうち、3点はしっかり接地し、1点のみ動かして「手がかり・足がかり」を探すのだ。身近な木の枝や根っこ、岩の突起や割れ目をチェックし、体重をかけても大丈夫かどうか確かめ、鎖やロープを掴んで登る。下山の場合も同様に、岩面に向かい三点支持で少しずつ下りる。もし下に仲間がいれば、足がかりの在りかを教えてもらおう。ぶら下がるのは絶対禁止。いったんバランスを崩すと、思わぬ方向に振られ、宙ぶらりんになりかねない。

登りも下りも三点支持で慎重に。
ロープや鎖だけに頼らぬこと！

ここから先が「危険な道のり」だが、面白い！

休憩所から南東の眺め。奥に尖った御殿山

ロープと鎖場を抜けて山頂へ

絶景が待つ最高の頂へ

二つのピークはいずれも最高の眺め。まず南峰に立つが、３３６ｍとは思えない絶景が待っている。垂直に聳える岩の上は鎖の囲いになっており、足下に息をのむほど美しい樹林と田園が広がっている。

眼前には、左右対称のきれいな双耳峰・富山《とみさん》が座し、相模灘の水平線には伊豆大島、そして箱根の山々の上には富士が浮かぶ。

さらに、もう一方のちょっぴり低い北峰へ。短い尾根を渡って、さっきまで歓声をあげていた南峰を見返すと、岩が突き上げた山頂だということがよくわかる。こちらも展望すばらしく、南峰とちょっとアングルが変わるだけで見え方がまるで違ってくる。これも双耳峰ならではの面白さだ。

夏には、カンゾウの花が北峰を明るく彩る。

アドベンチャー登山が存分に楽しめる伊予ヶ岳。『南総里見八犬伝』の舞台である富山。加えて、日本武尊《ヤマトタケル》が房総を平定した際に御殿を建てたと伝わる御殿山《ごてんやま》も近い。この3座を称し「富山三山」と呼ぶ。

いずれも、東京スカイツリーより３００ｍも低い山だが、南房総の波打つ山並み、相模湾にたなびく伊豆半島の天城山まで見渡せる絶景の山旅……。ひとたび登れば、千葉の低山の味わい深さに魅せられるに違いない。

南峰〜北峰の稜線は登り返しのある緑のトンネル

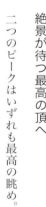

南東に、東京の大岳山によく似た姿の御殿山。山頂の右肩に御殿を建てたのだろうか

カンゾウの花の向こうには富山。ちなみに三山を呼ぶときは「とみやま三山」となる

富山と伊予ヶ岳の位置は
p180 の広域地図参照

▲コースガイド
アクセス：岩井駅（JR 内房線）から徒歩
駐車場：平群天神社
山行時間：約 2 時間

獣が伏して天を仰ぐような南峰

登山プランと登山マナー

登山を始めると、一番悩ましいのが「登山計画」の立て方だろう。登山口の選択、分岐するコースをどうとるか、その途中のトイレや水場、休憩ができるベンチや東屋の有無。山頂からの下山は、登りと同じ道を戻る「ピストン」が安心だけれど、別の道をまわるケースもある。いずれにしても、地図をよく見て、時間配分をイメージしながら計画しなければと頭を抱える。

基本は「明るいうちに行動を終えること」

とにかく、明るいうちに行動を終えて、安心安全な場所に到着しておくことが重要。日暮れ直前のギリギリの計画ではなく、1時間以上の余裕をもっておく。山では何が起こるかわからないから。

- ●午前、登山口からスタート
- ●正午、山頂で山ゴハンを楽しむ
- ●夕前、交通機関や山小屋などで行動終了

理想は、西日を露天風呂に浸かって眺めるくらいのゆとり。もし山小屋に泊まるなら、15時（遅くとも16時）までにチェックインするのは、山の世界では常識。昔は遅く到着すると山小屋の主人に怒られたもので、今でもいい顔はされない。同じ山仲間の安全を思ってのことなので、悪しからず。ちなみに、山小屋の夕食は17時、就寝は20時くらいが目安。

●マナーの盲点

すれ違うときは挨拶をする、広がって歩かない、登り優先だが状況によって譲りあう、ゴミはすべて持ち帰る、登山届けを出す、保険に入る……などなど。これらはよく指摘される、登山マナーの基本中の基本。しかし、次の2つのマナーは、あらためて言われることが少ないので、意外に盲点となっている。

★山頂碑の前に陣取らない

これは勘弁してほしい。苦労を乗り越えて登ってきたハイカーは、山頂碑の前で写真を撮るのも楽しみのうち。そこにどーんと陣取ってのんびり食事をしているグループをよく見かけるけれど、逆の立場なら、いったいどう思うだろう？

★ザックにあれこれぶら下げない

登山ウェアや装備を買いそろえるところから、登山は始まっている。ファッションを楽しむことも登山のうちだが、ザックにカラビナをいくつも付けて、あれこれぶら下げるのは控えたい。実はこれ、とても危険。ぶら下げたアイテムを通りすがりの人にぶつけてしまったら、ケガやトラブルに発展するかもしれない。あるいは枝などに引っ掛けてしまい、バランスを崩して転ぶことだってある。滑落などにつながったら最悪！

ザックに何かを付ける場合は、ぶらぶらしないようにしっかりくくりつけること。その意味では、細引きのロープなどを持っておくと便利。

Saitama

埼玉は
関東屈指の個性派低山ぞろい

山頂の天文台、蝋梅に彩られる花の山、
滝を巡る修験の山、
展望タワーなど、多彩な山遊び。

堂平山《どうだいらさん》 876m 〜 笠山《かさやま》 837m

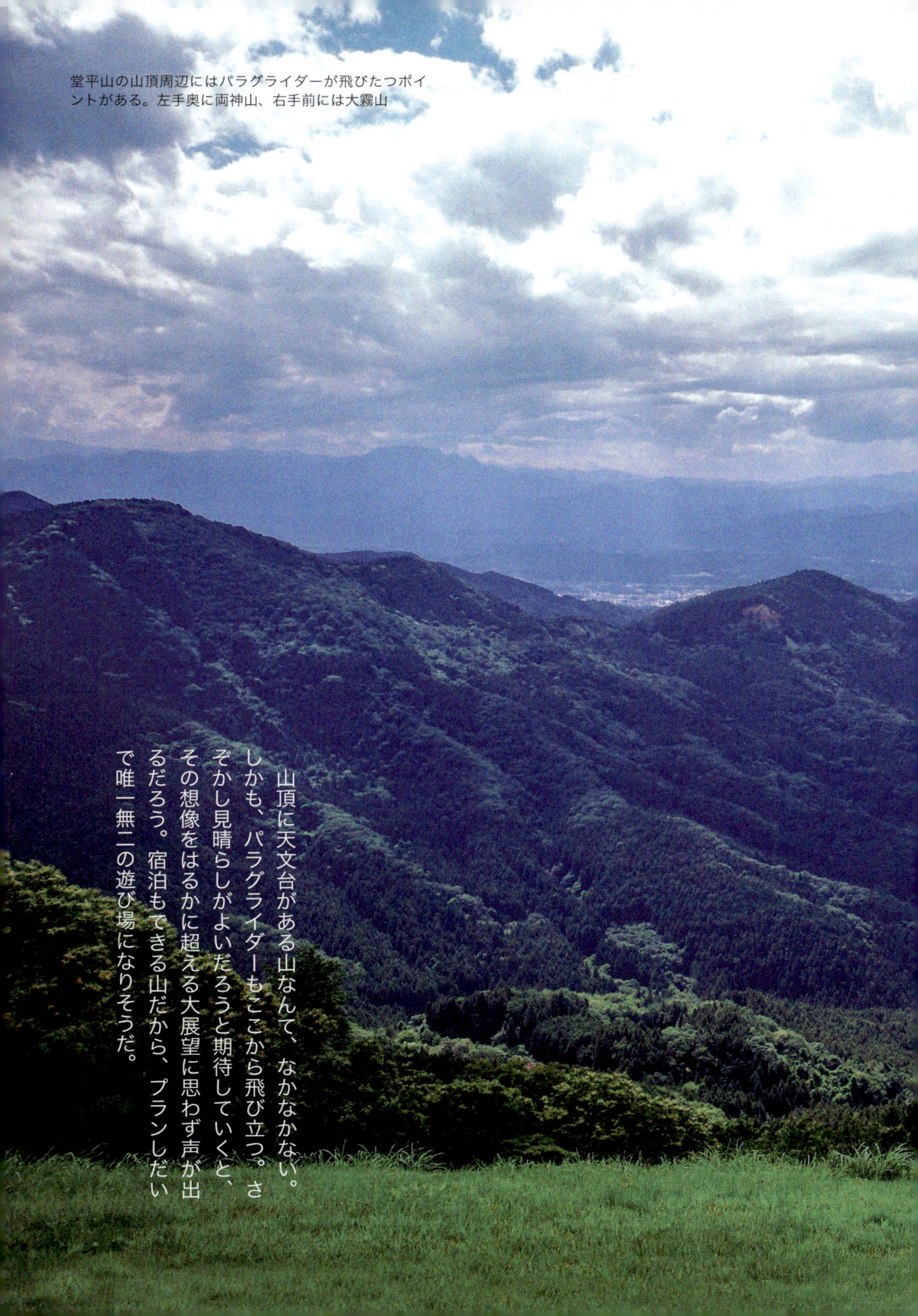

堂平山の山頂周辺にはパラグライダーが飛びたつポイントがある。左手奥に両神山、右手前には大霧山

山頂に天文台がある山なんて、なかなかない。しかも、パラグライダーもここから飛び立つ。さぞかし見晴らしがよいだろうと期待していくと、その想像をはるかに超える大展望に思わず声が出るだろう。宿泊もできる山だから、プランしだいで唯一無二の遊び場になりそうだ。

西方の展望。手前の稜線の向こうに秩父の街がある

いきなり山頂からスタートする登山コースというパターンが、実はけっこうある。登山というより下山なのだが、山頂を目指すばかりでなく、たまにはそんな変化球で山を楽しむ低山トラベルもいいだろう。

埼玉県ときがわ町にある堂平山は、山頂に天文台がある876mの低山。パラグライダーの聖地でもある。難点はバスなどの公共交通がないことだが、山仲間と誘いあってレンタカーで行ってみるだけの価値はある山だ。なにせ、パラグライダーが飛びたつひらけた場所なので、こんな草原が切れ落ちたような展望は他にはない。山頂の天文台には泊まることができ、宿泊をからめたプランでも仲間とのんびり山遊びが楽しめる。

近くにはモンゴル式テント「パオ」もあり、テント設営も可能で、炊事場にトイレも完備。初心者キャンパーもきっと心ときめくことだろう。

腹ごしらえは、ときがわ町で

おすすめは、山頂からスタートする所要時間2時間ほどの軽いハイク。陽の長い季節なら、お昼スタートでも十分だ。その場合は、先にお昼ごはんを食べておくのがポイント。というわけで、午後からの登山に備えて、ときがわ町のうどん屋に立ち寄る。ここでお昼を済ませておけば、ザックも軽くなるというもの。行動食と飲料、そしてレインウェア。ヘッドライトやファーストエイドキット（救急道具）等の山の必需品に絞ってザックを軽めに整えよう。

古民家の雰囲気漂う「やすらぎの家」

日本三大焼き鳥の地に挙げられる東松山のICから西へ進むと、ときがわ町だ。昔は「都幾川村《ときがわ》」だったこのエリアは、美しい小川が流れる里山で、日本の原風景といった趣がある。都心から自転車やバイクでめざす人が年々増えていて、町歩きをするだけでも楽しい。

埼玉県は、実は香川県に負けず劣らずの〝うどん県〟。たとえば「やすらぎの家」は百年以上前の古民家を移築したお店で、30〜40人は座れるだろうかという広い座敷が見事。超人気店なだけに、お昼前に入っておこう。限定のおこわ飯は、ぜひセットでいただきたい。

パラグライダーの聖地からいきなり下山

堂平山の山頂直下にはパラグライダーが飛び立つ芝生が広がっていて、ここからの見晴らしが本当にすばらしい。お向かいには大霧山（767m）がはっきり確認でき、堂平山と同じく山頂に芝生を広げているのがわかる。奥の霞んだ山並みの中には、ノコギリのようなギザギザの山がある。両神山《りょうかみさん》（1723m）だ。イザナギとイザナミが祀《まつ》られた山だから「両神」だという説をはじめ、たくさんの伝承を持つ日本百名山の一座。秩父に来たらこの山を探し、方位の目安をつけることにしている。

パラグライダーが飛び立つ堂平山の山頂付近

岩の道を楽しみながら、笠山の山頂までもうひと頑張り

この絶景を横目にモミジやカエデの樹林帯を一気に下山すると、砂利の轍《わだち》と雑草が特徴的な林道に出る。ここで「熊出没注意」の看板が現れるが、昨今は東京近郊でも熊の目撃情報が多いので、日ごろからクマ鈴は常備しておきたい。（クマ対策は76ページ参照）。それと、熊以上にいきなり林道に出現するバイクにも注意しよう。

正面のガードレールに「笠山方面」の矢印があるので、そのまま直進する。杉の根が張った馬の背のような細い道を登っていくと、右手に笠山が見えてくる。

ふたたび林道に合流し、少し進むと、木で補強された階段が右手に付いている。ここから一気に登山になる。急だがよく道がついているから歩いていて気持ちがいい。やがて萩平と笠山山頂の分岐の道標が現れる。右へ進路をとれば、すぐに笠山（８３７ｍ）山頂だ。ここは北側の見晴らしがよい。

二つのピークを持つ笠山が折り返し地点

さらに東に「笠山山頂８４２ｍ」と案内板があり、こっちが本当の山頂のようだ。東峰とでもいおうか、こちらには巨石（おそらく山岳信仰の元になった磐座《いわくら》）と、今でも毎年5月3日に祭を行っている笠山神社がある。かなり急な階段が参道となっていて、下から吹き上げてくる風が心地いい。

山頂で休憩したら、帰りは、来た道をそのまま戻ることになる。

杉に囲まれた道は根っこに気をつけて

歩きやすい道が続く笠山

夕景に浮かぶ両神山のシルエット

こうした登山をピストンというが、一点だけ注意したいのが、林道からふたたび堂平山へと登り返す時。「外秩父七峰縦走」なる道標が出てくる際に、旧と新という道に分岐する。「どちらのコースも途中で合流します」とあるが、ここは「新」を進もう。道がはっきりしているから安心だ。やや急な登りをこなし、スタートしたパラグライダーの広い芝生に出たら、まもなくゴール。

　午後から歩き始めたのんびりハイクのクライマックスは、両神山の向こうに落ちる夕陽のグラデーション。これを眺めてから帰路につくのが、この山の楽しみ方だ。

山頂の笠山神社。周辺には神座となる大きな磐座も見られる

堂平天文台より北へ下る。合流する林道を渡って突き抜けた先に、笠山の入口（木の階段）がある

▲コースガイド

アクセス：関越自動車道・東松山 IC より
駐車場：堂平山天文台
山行時間：約 2 時間

宝登山《ほどさん》
497m
長瀞《ながとろ》アルプス

「宝の登山」とは、なんと縁起のよい山の名だろう。ゆるやかな道のりは初心者の山歩きにちょうどよい。山頂からの大展望は低山とは思えぬスケールで、川下りで有名な荒川の清流にも癒される。〝アルプス縦走〟を楽しんだ後は、宝登山神社の縁起のよさそうな空気に迎えられる。まさに「宝の登山」に相応しい名山だ。

蝋梅に彩られる新春の山頂。中央にギザギザの両神山

万福寺の登山口に向かう
道中も花に彩られる

宝登山に連なる低山のうねりを「長瀞アルプス」と呼ぶ。東京近郊はもとより、日本各地にこうしたご当地アルプスがあり、ハイカーに山歩きを楽しんでもらうための環境整備や情報提供が行われている。ここ長瀞アルプスでも主峰の宝登山を中心にいくつかのハイキングコースを選定しており、最もポピュラーな「野上駅から長瀞駅」までの縦走コースは多くのハイカーを惹きつける。

花の里から蝋梅《ろうばい》の山上へ

スタートは秩父鉄道の野上駅。一年を通して長瀞周辺の低山を歩くハイカーで賑わう駅だ。とくに1月半ばから2月中旬にかけては、関東でも屈指の蝋梅の林が見ごろを迎えるとあって、黄色に彩られる宝登山の山頂めざして登山上級者も訪れる。春なら駅前がすでに桜吹雪で、並んでトイレを待つ間も気持ちがなごむ。

野上駅を出たら、万福寺をめざそう。山を左手に眺めながら里山の雰囲気をとどめる住宅地のなかをしばらく歩く。どの民家も庭先に美しい花が植えられ、この里人の自然を愛する思いが窺《うかが》えて、とくに春先は山へ入る前から心が満たされる。

万福寺の前に立つ道標に従い、「長瀞アルプス登山口」へ向かう。

山道に入ると、さっそく勾配のある道をしばらく歩くことになる。とはいえ、きつい登りは少ない。出だしを登り切れば、あとは山頂直下まで歩きや

桜とツツジが手招きする長瀞アルプス登山口

「毒キノコに注意」の看板から山頂へ！

馬の背のような尾根道は緑のトンネル

すい道だ。そういえば以前、朝駆けで歩いたことがある。まだ誰も通っていないことを蜘蛛の巣の多さで知り、それを払うのにトレッキングポールが役立った。

のんびり2時間ほどかけて林道に出たら、右手にコースをとる。やがて現れる「毒キノコに注意」の看板が、宝登山の山頂直下の目印となる。ここからがこのコースのがんばりどころで、途中、間隔のあいた階段が歩幅のリズムを乱すものの、右手に視界がひらけてくると山頂はまもなくだ。

宝登山の魅力は、なんといっても季節の花々だろう。とくに年明けに黄色い花をつける蝋梅は見ものだ（梅の名はつくが梅とは別種）。山頂一帯にはおよそ三千本もの蝋梅があり、関東でも屈指の景観を見せてくれる。

1月中旬〜2月中旬は、空の濃い青と遠くの山の淡い青が馴染んで美しいグラデーションを成し、黄色の鮮やかさがいっそう際立つ。

4月の宝登山の頂《いただき》は梅と桜が咲き誇り、みごとに溶け合っている。たとえ蝋梅のシーズンを逃しても、すぐに梅と桜が追いかけるように山を賑《にぎ》わしてくれる。

新春の蝋梅から新緑の季節まで、いつ訪れても花にめぐりあい、心躍る山歩きができるだろう。

黄色に染まる山上には多くのハイカーが訪れる

宝登山神社の奥宮《おくみや》と里宮《さとみや》

　山頂で休憩をとったら、宝登山神社の奥宮を訪ねてみよう。この山には日本武尊《ヤマトタケルノミコト》の伝承があり、奥宮を護《まも》るご眷属（神の使い）はオオカミであり、狛犬《こまいぬ》ではない。古代伝説の英雄・日本武尊は宝登山の山腹で山火事に遭うが、その猛火を消し止めたのがオオカミ（山犬）だったことに因《ちな》んでいる。そのため、もとは「火止《ほと》山」だったそうだ。奥宮に祀られる神さまには、日本中の山を司《つかさど》る大山祇神《おおやまつみのかみ》も含まれるので、ここで無事の下山を祈っておこう。

　ところで、狛犬ならぬ狛狼は秩父一帯にたくさん残っている。三峯《みつみね》神社や両神山《りょうかみさん》など、あちこちで見かけるため、なんだか親近感がわいてくる。東京都の御岳山では霧で迷った日本武尊を救ったオオカミが神となり、こちらの宝登山では火に囲まれた日本武尊を救ったオオカミが神の使者となっているのが面白い。それにしても、ここの鳥居の前に座っている狛狼は愛らしい。頭を撫でてから、帰途につこう。

　山頂からの下山には、ロープウェイを選択することもできるので、体力や時間と相談しよう。徒歩による下山（約1時間）にしてもロープウエイ（約5分！）にしても、宝の登山のフィナーレに宝登山神社の里宮に立ち寄りたい。三峯神社と秩父神社をあわせて秩父三社に数えられる立派な神社だ。花の山旅に感謝し、帰りは長瀞《ながとろ》駅に向かう。そういえば、里宮の方は、普通の狛犬だったな……。

山頂から少し下ったところにある宝登山神社・奥宮

蝋梅の道をゆく。遠くに望む三角は武甲山

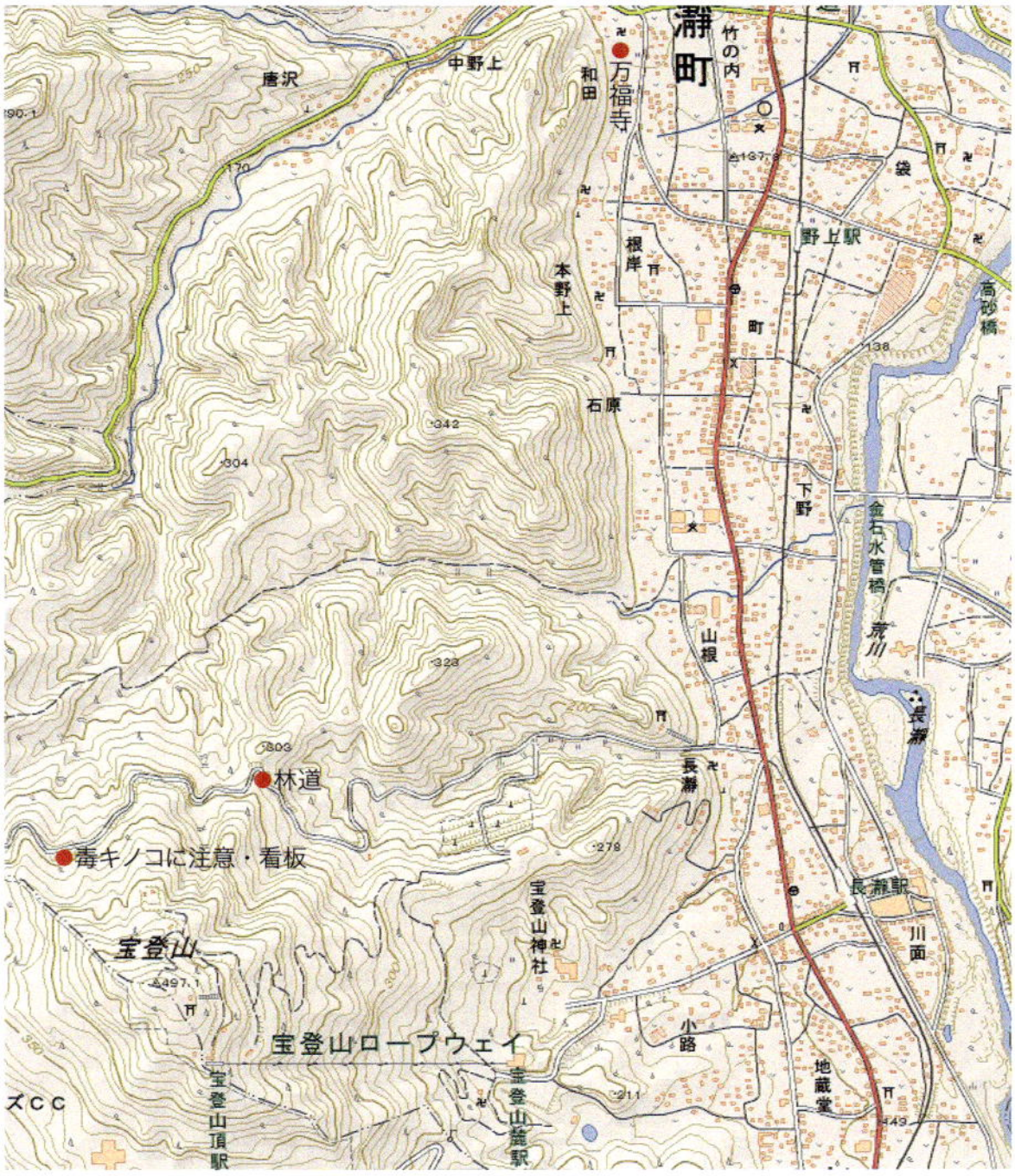

▲コースガイド
アクセス：野上駅（秩父鉄道）から徒歩
駐車場：野上駅前、宝登山神社（ともに要確認）
山行時間：約３時間半

野上駅から万福寺へ向かい、山道に入る。登山道を南へ、林道に合流して、北西から山頂をめざす

奥宮を護る可愛い神の使い「狛狼」

山の麓にある宝登山神社の里宮

黒《くろ》山《やま》三《さん》滝《たき》

室町時代からの修験道と、江戸時代の吉原で人気を呼んだ〝男女和合の神〟が同居する、見どころの多い低山だ。黒山三滝というピークはないが、滝めぐりとシダの美しさに心が躍る。

上段が男滝（10m）、下段が女滝（5m）

埼玉の越生《おごせ》は、高さでは表せない山の深みがある、なんとも贅沢なエリア。東京の八王子と群馬の高崎とを結ぶ「八高線」が長閑な風景のなかを縦断し、最近では都会から移り住む若者が増えたようだ。古い建物を今風にＤＩＹしたセンスのいいカフェができ、都内から自転車で走りにくる人が立ち寄る人気スポットにもなっている。

三名瀑と、おっぺがわ

関東三大梅林の一つとされる「越生梅林」からさらに奥へ。越辺川《おっぺがわ》に沿って山中に入ると、やがて黒山三滝のバス停が見えてくる。ちょっと古びた歓迎のアーチをくぐり抜け、橋を渡ると、巨石を背負った祠や観音さまに出会う。そこからまっすぐ道なりに進むと、さっそくハイライトの一つが現れるのが、このコースの面白いところ。それが「男滝と女滝」だ。ここ越生の出身者が、江戸一番の色街・吉原に〝男女和合の神〟として紹介したことから信仰を集め、この夫婦の滝は大いに人気となったそうだ。

ここを流れる川を三滝川と呼び、黒山三滝の入口で越辺川と名前が変わる。さきほどの歓迎のアーチのところに「一級河川越辺川起点」の碑があるので、帰りに見ていこう。越辺川はやがて鳩川、都幾川《ときがわ》を併せて、入間川に合流する。とても野趣あふれる日本の田舎川といった趣で、ぼくのお気に入りの川だ。

大平山の役行者。左右に前鬼・後鬼の「夫婦鬼」を従えて

男滝と女滝から、今きた道を少し戻ると、迫力ある滝に目を奪われる。「天狗滝」は、みごとな一筋がうまく岩でガードされ、滝壺の様子がわからないところもミステリアスでいい。近寄ってみたが、岩の奥の神秘に触れるのは許されないような気がして、やめておいた。下山の時間を忘れずに、気持ちいいマイナスイオンをたっぷり浴びていこう。

シダに覆われた修験道の大平山

天狗滝からつづら折れの道を辿ると、水の流れに沿ってシダが密生する斜面を登ることになる。なかなかの急登で、途中、道が荒れてもいるが、迷うことはない。奥武蔵グリーンラインの道で、武蔵おごせハイキング・パノラマコースでもあるので、要所に道標が立っているから心強い。ここは山岳信仰の修行の山でもあるから、ちょっと険しい山道が続くが、それも楽しみの一つ。

やがて視界がひらけ、不思議な広場に出る。そこは大平山《おおひらさん》の山頂直下で、ベンチもあり休憩にはもってこいだ。見上げると、到着した登山者を、修験の開祖・役行者《えんのぎょうじゃ》がじっと見つめている。この山は室町時代に行場となり、開山した修行僧・栄円が、役行者像のすぐ近くに眠っている。合掌してから先に進もう。

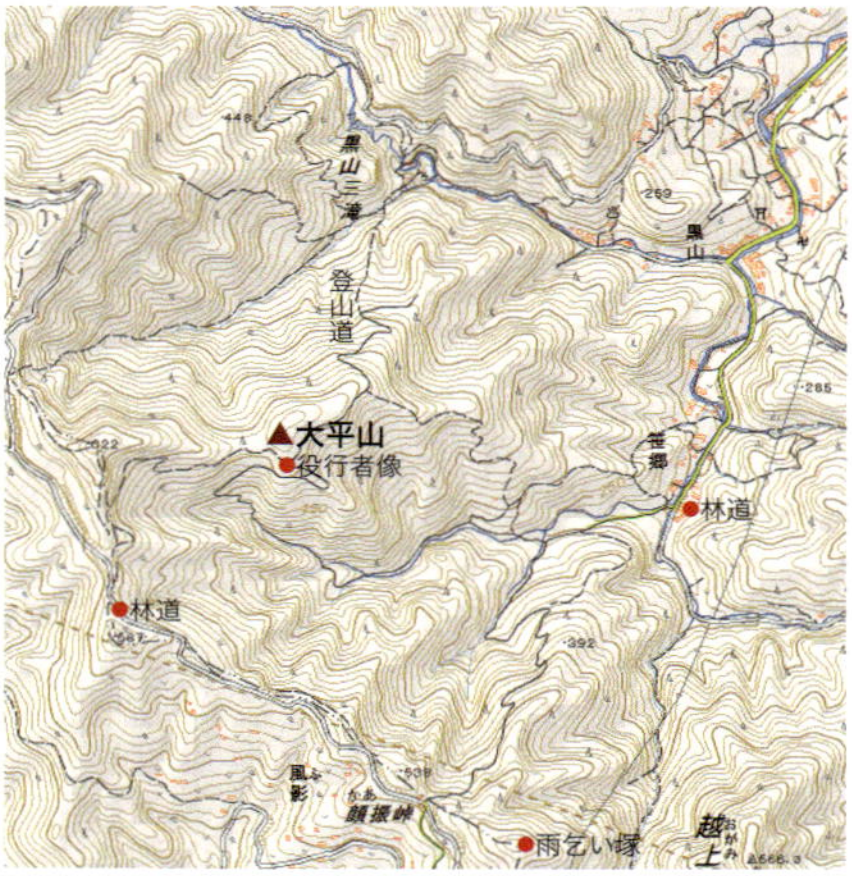

天狗滝の前から山道に入る。大平山から林道を経て顔振峠へ。茶屋の裏から下山して黒山三滝バス停に至る

落差20mの天狗滝。両側を岩に挟まれ、その姿の半分を隠している。吹き下ろす涼風が気持ちよい

義経が何度も振り返ったという顔振峠（標高 500m）から

義経も通った顔振《こうぶり》峠から麓に戻る

そのまま役行者像の裏へと進みたくなるが、すぐに藪漕《やぶこ》ぎとなり道が消える。引き返すと、足元に黒マジックで「通行禁止！」の板を発見した。これは見落とすから御用心！ 正しくは、像の前の広場を時計回りに脇を抜ける道。しばらく歩き、杉林の急登に息を切らす。荒れた山道も一部あるが、やがて林道に出て、顔振峠に至る。「こうぶり」とか「かあぶり」と呼ばれるこの峠は、その絶景ぶりに源義経が何度も振り返ったのが由来ともいわれている。

峠の茶屋の裏道をさらに5分も登れば、山頂に小さな祠《ほこら》がある見晴台「雨乞い塚」に到着。ここから堂平山を眺めることができる。頂の天文台を目印に探してみよう。

ひと休みしたら、顔振峠までいったん戻り、茶屋の裏からそのまま下山すると、黒山三滝のバス停に至る。

下山の途中、県の天然記念物「アオネカズラ」を探すのも楽しい。この一帯がアオネカズラ生息の北限だとか。一見、シダ類の三角形の葉と見分けがつきにくいが、よく見ると細長い楕円のような葉をつけ、斜面にへばりつく姿が愛らしい。気がつくと、西日がアオネカズラを照らしていた。見どころが多く、いつしか時間が経っている。

アオネカズラの葉は緑鮮やか

▲コースガイド

アクセス：越生駅（JR 八高線・東武越生線）よりバス
駐車場：黒山三滝入口にあり
山行時間：約 3 時間

遥拝殿から見上げる山頂は
ラクダのコブのよう

妙《みょう》法《ほう》ヶ《が》岳《たけ》 1329m

三峯《みつみね》神社奥宮

鳥居をくぐるたびに胸が高まる山

三峯神社は秩父の山深い地にありながら、多くの参拝者が足を運ぶ。埼玉県の西端を走る秩父鉄道・三峰口駅からバスで一時間以上もかかるのに、それだけ人を惹きつける神秘の力を放つ神社なのである。

昨今は〝パワースポット〟として紹介されることが多いが、古来、聖なる信仰の地として尊ばれている。ここに特別な思いを寄せる人が集うのは、昔も今も変わらないようだ。

三峯神社の三ツ鳥居と狛狼

境内の登山口からスタート

三峯神社を「本宮」として、山の上に「奥宮」を頂いているのが妙法ヶ岳だ。１３２９ｍの山頂までは、三峯神社の登山口から1時間ほどのハイクになる。

鳥居が入口になっていて、登山計画書を提出するポストも設置されている。つまり、登山経験のない人にはちょっと厳しい道のりですよ、ということを感じとってほしい。

段差のある梯子や、切り立った尾根道、そしてクライマックスには岩盤を鎖と梯子で登る面白いところもある。

遥拝殿から妙法ヶ岳の山頂にある奥宮を拝む

奥宮まで行かずとも、遠くから参拝できる場所がある。これを「遥拝殿《ようはいでん》」という。なにせ正面に見える妙法ヶ岳は切り立つように聳えているから、多くの参拝客はここから奥宮を拝んで済ます。あの山の上まで行こう！　というのは、山を旅するハイカーの特権だ。

ちなみに、この奥宮への登山口は、東京都の最高峰・雲取山をめざす登山口でもある。

雲取山は登山の愉しみを知った首都圏のハイカーが一度は挑戦する山だ。東京側なら奥多摩湖の北西岸の鴨沢から登るのが一般的だが、埼玉側から登るのもお薦めルート。それがこの三峯神社から始まる。

雲取山へ至る山道はなかなか厳しい。妙法ヶ岳〜白岩山〜雲取山の三山を称して「三峰山」と呼ぶ山嶺を縦走するのだが、このルートは経験を積んでから、いつか仲間とチャレンジしてみてほしい。

さて、妙法ヶ岳の山頂をめざそう！

奥宮へ誘う四つの鳥居

よく踏み固められた山道は、奥宮への祈りの参道であり、ぜんぶで四つの鳥居が現れる。

一つ目の鳥居は、雲取山に向かう場合もくぐることになる。

奥宮参道入口の先に雲取山の登山口を示す鳥居がある

三峯神社の山門。鮮やかな朱が緑に映える

この先、ぐんぐん高度を上げるたびに現れる鳥居はそれぞれデザインが異なり、森のなかに佇《たたず》む姿は周囲の景観にみごとに溶け込み、たんなる人工物とは思わせぬ意匠《いしょう》に、昔の人の自然を敬う気持ちがうかがえる。

二つ目の鳥居に辿りつくと、ここで妙法ヶ岳の奥宮への道と、雲取山への道が分岐する。

三つ目の鳥居まで登ると、展望が開けてくる。美しい稜線に誘われ、山頂の眺めに期待が高まる。ここで分岐する道を南へ辿れば霧藻《きりも》ヶ峰や雲取山へ至る道と合流する。

この山の鳥居は、神と対話する場へ誘うために設《しつら》えられた門である。一つくぐるたびに、心が浄められていくようだ。

一つ目の鳥居

二つ目の鳥居

三つ目の鳥居

古いケルンは山道を示す道標

修験者が結び付けたであろう神札。信仰の深さを感じさせる

山頂直下の奥宮の神域。この上に岩盤の鎖場がある

やがて緑のトンネルの先で、四つ目の最後の鳥居が迎えてくれる。この先は、山に慣れてきた人にとっては楽しいアドベンチャーな道のりとなる。

岩の間を縫って歩いたと思ったら、細い馬の背を渡るような尾根道を行き、木の梯子につかまって段差を下り、最後は岩盤に手がかり足がかりを探しながら、垂れ下がった鎖をつかんで進んでいく（鎖に頼り切らず、三点支持の基本を守って）。

こうして到達した山頂からの展望はまさにスペクタクル。ノコギリ状の名峰・両神山《りょうかみさん》や遠く上州に延びる山並みが楽しめる。そして眼下には、ここまで登ってきた道のりを見返す山稜のなか、ちょうど正面あたりに遥拝殿を発見でき、ハイカーならではの達成感に浸れる。振り返って見えるのが霧藻《きりも》ヶ峰だ。その先に雲取山が凛々《りり》しく聳えている。

そうそう、「御朱印」を集めている人は、下山後に三峯神社に立ち寄ろう。奥宮の御朱印をいただける。もともと御朱印とは、寺社に写経を納めたときの証しのようなもので、ぼくは参拝した後にお賽銭に替えて御朱印を頂いている。充実の山旅へのお礼の気持ちを込めて。

四つ目の鳥居をくぐれば山頂近し！

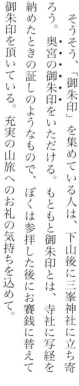

妙法ヶ岳山頂に鎮座する三峯神社の奥宮。山頂から鳥になった気分で眼下を鳥瞰すれば、山肌の中に遥拝殿が……

三峯神社の御朱印。左の「奥宮」は、妙法ヶ岳へ登拝した証し

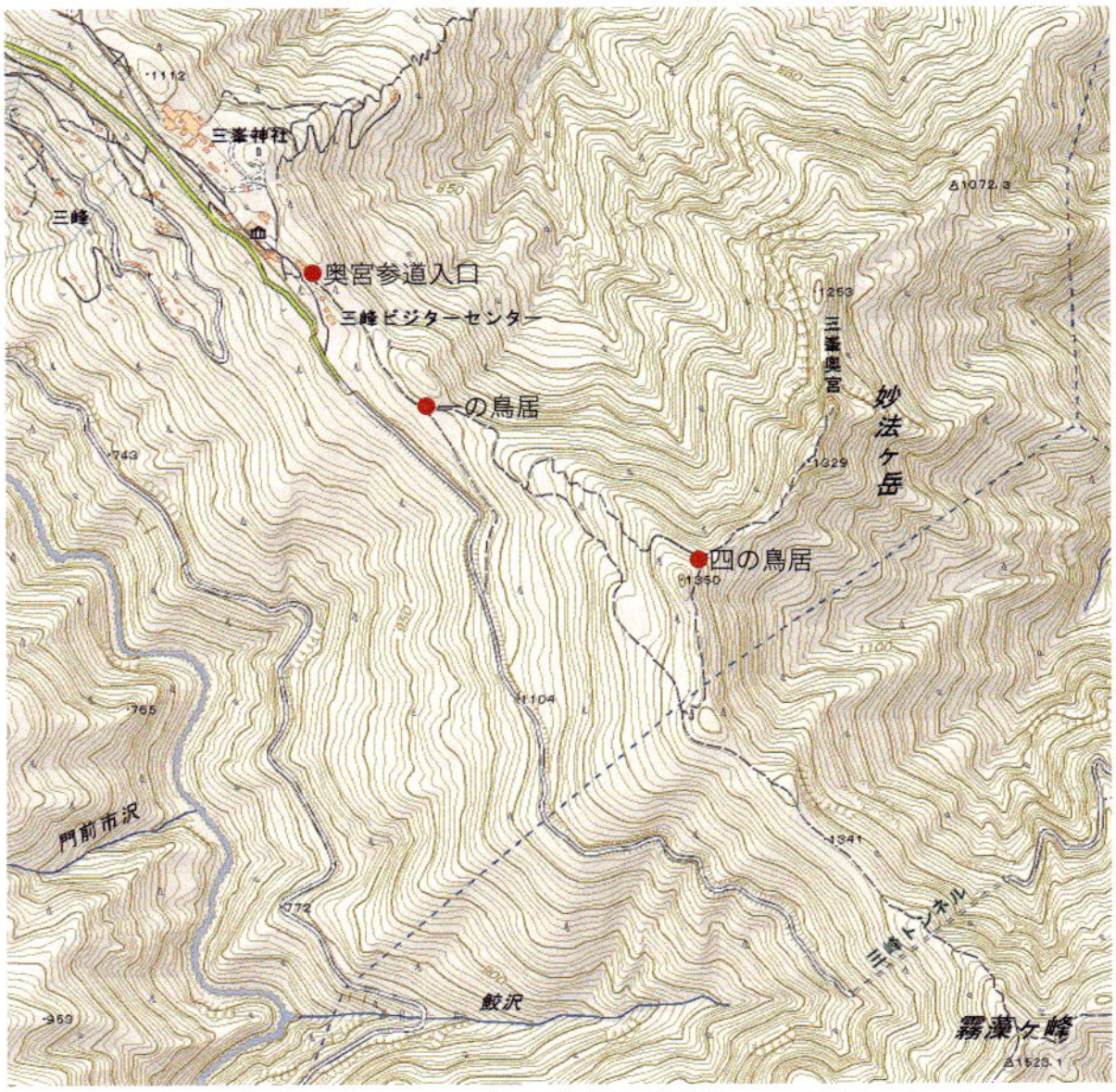

三峰ビジターセンター裏の「奥宮参道入口」からスタート。４つの鳥居を抜けて山頂へ

▲コースガイド

アクセス：西武秩父駅、三峰口駅よりバス

駐車場：三峯神社

山行時間：約２時間

沈む夕陽と丸墓山古墳は、
いにしえより変わらぬ風景

丸墓山《まるはかやま》〜山岳展望

ときには、山に関わる歴史探訪もいい。行田《ぎょうだ》には埼玉《さいたま》の語源で知られる埼玉《さきたま》古墳や、豊臣秀吉が落とせなかった唯一の城・忍城《おしじょう》がある。ハイライトは、田んぼの真ん中に聳える展望タワー。山好きならぜひ訪れてほしい〝山岳展望〟の町。

稲荷山古墳から出土した鉄剣や勾玉は国宝に指定

あちこちに点在する古墳を取り囲むように、行田の住宅街が広がる。「さいたま」の語源となった古代の土地を「埼玉《さきたま》」といい、国内有数の古墳群もその名で呼ばれる。昨今は、豊臣秀吉の命を受けた石田三成が丸墓山古墳に陣を張ったということで、豊臣秀吉が唯一落とせなかった忍城《おしじょう》とともに脚光を浴びている。

埼玉古墳群は歴史を語るテーマパーク

古墳といえば、円墳、方墳、前方後円墳などが有名だが、なかには横穴式や小さな丘のような外見では気づかないものもある。そんななかで、大きく美しい形をとどめている古墳が9基も集まる埼玉《さきたま》古墳群は、さながら古代のテーマパーク。登ることができるのは、稲荷山古墳と丸墓山古墳の2基。稲荷山古墳はきれいな前方後円墳で、高さ11・7m。教科書で見たことがある形をしているが、実際に登ってみるとかなりの立体感がある。丸墓山古墳は円墳で、高さ18・9m。円墳としては日本最大規模だそうだ。頂《いただき》の桜はみごとで、それを含めた古墳そのものの佇まいがいい。

かつて豊臣秀吉の小田原征伐の折、石田三成が屈服しない当地の成田氏を攻めるべく丸墓山古墳に陣を張り、忍城を水攻めにしたが失敗。その物語は小説『のぼうの城』でも描かれたが、丸墓山からはたしかに忍城が見える。攻防戦の舞台となった石田堤の一部も、今なお丸墓山の麓に残っている。

丸墓山古墳につづく道が「石田堤」

「古代蓮の精」（2013年7月撮影）

周辺には、浅間塚古墳という円墳の上に鎮座する前玉《さきたま》神社や、稲荷山古墳で出土した鉄剣を展示する博物館、埴輪《はにわ》づくりが体験できる施設がある。行田名物ゼリーフライを出すお店などもあるので行動食にするのもいい。

田んぼアートと山岳展望の物見タワー

埼玉古墳群からぜひ足を延ばしてほしいのが「古代蓮《はす》の里」。毎年見ごろとなる7月の前後は、みごとに咲き誇る蓮を目当てに多くの人が訪れる。折しもその時期は稲葉も伸びているので、広大な田んぼをキャンバスにした〝田んぼアート〟も鑑賞できる。2008年から始まったこの楽しい催しは、2015年に「世界最大の田んぼアート」としてギネス認定を受けた。それを見下ろすために高さ50mのタワー・古代蓮会館の展望室に登るわけだ。

ところでこの展望タワー、山好きなら一度は登っておきたい。関東平野を取り囲む山並みをぐるりと見渡せるからだ。その山岳展望は視界のよく利く秋冬がいい。

茨城方面は筑波山、栃木は日光連山、群馬〜長野は浅間山に八ヶ岳、秩父方面には両神山も見て取れる。東京は奥多摩、神奈川は丹沢や箱根、その向こうに富士が浮かんでいるのだから、これは埼玉の平野のど真ん中にある唯一無二の展望台といっていい。

そういえば、山の作家・深田久弥がかつて、都内の刑務所の監視塔や銀座・三越百貨店の屋上から山岳展望をひとり愉しんでいたという一文を思い出す。

この行田の平地からでも、そんな〝山気分〟が味わえるのだ。

古代蓮の里には12万株もの蓮が咲き誇る

展望室からは 360 度の大パノラマ。左の遠い山稜は金峰山を盟主とする奥秩父山塊。中央のギザギザの山容は両神山で秩父方面の目印だ。その奥に八ヶ岳の雪嶺が見える

エレベーターで地上 50m の展望室へ。ギネス認定の巨大「田んぼアート」の中を歩いてみると、その大きさがよくわかる

最寄り駅は JR 高崎線・行田駅。駐車場は「さきたま古墳公園」「古代蓮会館」にある

山ごはんと調理道具

なぜ、山で食べるごはんは、あんなに美味いのか。いつも食べているはずのカップラーメンでさえ、別物の「ご馳走」に変身するし、調理した食事ならなおさらだ。美味しいものが食べたくなったら、道具と食材を持って、お気に入りの低山までわざわざ登るというのも楽しいだろう。

山に持っていく調理道具は、日ごろの暮らしが反映される。人それぞれのアイテムは見ていて楽しくなるし、そこには創意工夫や生活の知恵がにじみ出ていて勉強になる。

●山ごはん向け調理道具

コッヘルは、屋外に携帯する軽量の鍋のことで、クッカーともいう。これにシングルバーナーと呼ばれるガス器具を組み合わせれば、1〜2人程度の食事が野外でも手軽に調理できる。コッヘルにもガスにもいくつかタイプがあるので好みに合わせよう。お花見に持って行けば、ホットワインや熱燗もできる。（火器禁止かどうかは確認）。

「東日本大震災」の際、ぼくはこのクッカーと、山用に備蓄しておいた食材と水のおかげで、ガス・電気が止まっても困ることはなかった。ヘッドライトとともに、災害時にも役立ってくれる。

●ジップロック・コンテナー

このコンテナーは、本当に使える便利アイテム。軽量なうえに丈夫な憎いやつだ。食材を持って行くにもいいし、おにぎりを入れておけばつぶれない。パチンと密閉して、汁物や濡れたゴミを持ち帰るにも便利。形と大きさにいくつかのタイプがあるから、食材ばかりか小物類のケースにするのもいい。

●和菓子切り

日本の伝統工芸品にも、登山やキャンプなどで活用できるものがある。なかでも「和菓子切り」は、とても重宝している。軟らかい食べ物を切り分けるときはもちろん、コーヒーのマドラー代わりにも使える。

●コンビニで仕込む材料

調理道具の進化のおかげで、本格的な野外料理にもチャレンジできるようになった。実際、ぼくの登山講義の受講生たちも、日ごろの料理の腕を活かし、山中の食事とは思えない豪華なメニューを楽しんでいる。

ぼくは今、パンがお気に入りだ。前日にバゲットを仕入れ、コンビニで小分けの生ハム、レタス、チーズを買って山に入る。それらをバゲットに挟み、これまた小分け売りのシーザーサラダ・ドレッシングなどをかけてパクつく。これが美味い！　もし雨が降っても、そのまま食べられるというのは大きなメリットだ。

Tokyo

東京の
山中に神話と歴史を訪ねる

世界有数の大都会でありながら、
日本有数の低山天国！
東京ローカルの未知なる力を開拓する。

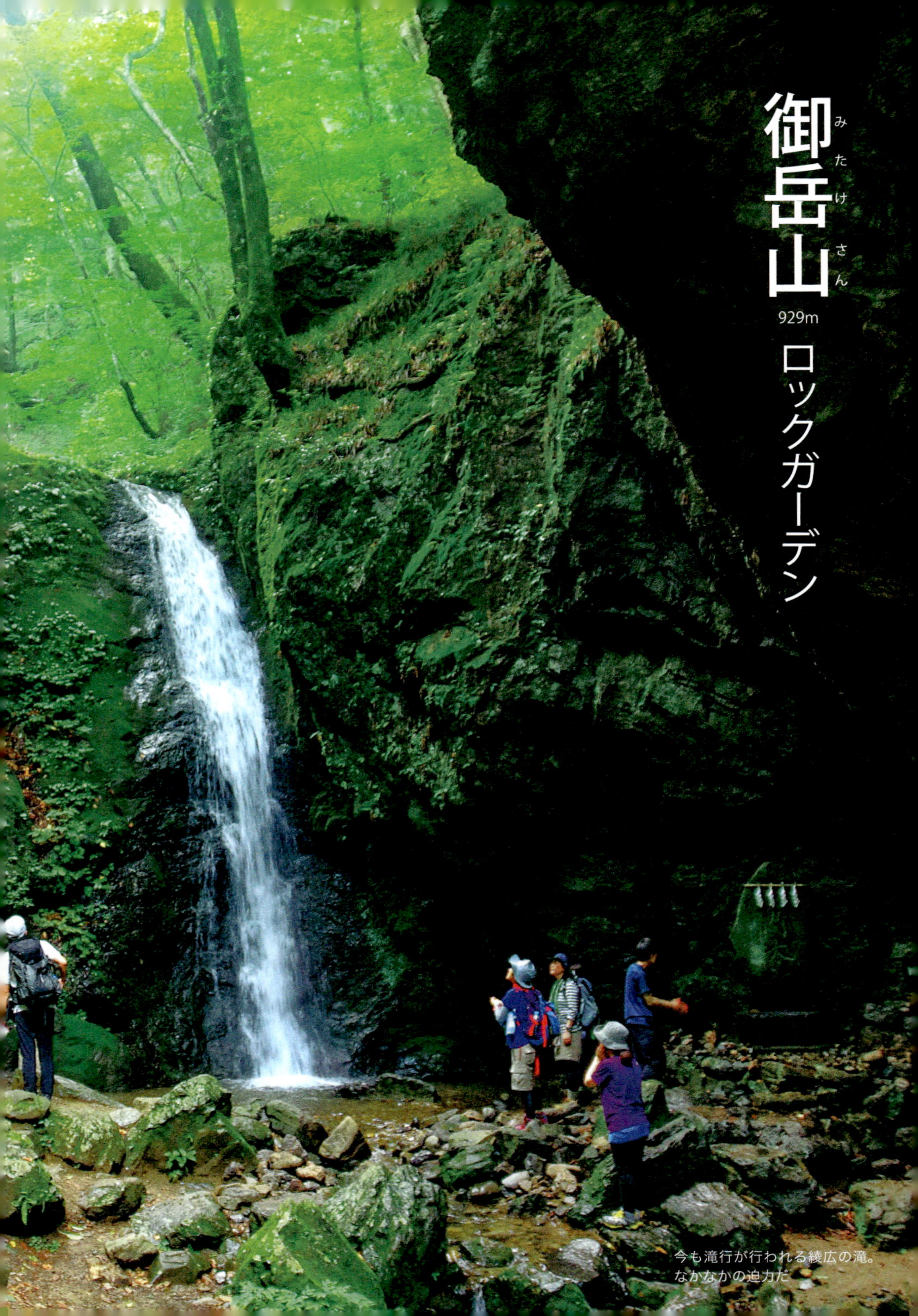

御《み》岳《たけ》山《さん》

929m

ロックガーデン

今も滝行が行われる綾広の滝。
なかなかの迫力だ

東京で遭難したヤマトタケルを救ったのは、"オオカミ"だった。山頂を護る大口真神《おおくちまがみ》は、今なお東京都下の暮らしに影響をもつオオカミの神さま。ロマンあふれる聖山を訪ね、マニア垂涎のコケワールドを歩けば、これまで知らなかった東京の素顔が見えてくる。

尊厳な武蔵御嶽神社はハイカーの参拝が絶えない

その昔、古代伝説上の英雄・日本武尊《ヤマトタケルノミコト》が東京あたりの山を彷徨《さまよ》った。父・景行天皇の命を受けて東国まで遠征し、数々の武勇伝があるなかで道に迷った伝承が残るのが、青梅市の御岳山だ。

大都会・東京にそんなエピソードがあることは、新鮮で嬉しくなる。この話を知らない東京人も多く、そもそも登山をしなければこんなヒストリーハイクは楽しめない。山を嗜《たしな》むぼくらはちょっとお得な気分になる。

そんな御岳山の入門コースが、ロックガーデン。漢字で書くと「岩石園」という、ちょっと固めのネーミングだけれど、コケに覆われ柔らかい空気に満ちた沢道を周遊するコースとなっている。山登りというより沢歩きといった風だが、滝や巨石などの見どころが次々と現れて飽きないのがいい。

頂上に鎮座する武蔵御嶽《むさしみたけ》神社

まず武蔵御嶽神社をめざそう。御岳山は、この神社を基点に四方へ山歩きができるのが特徴だ。麓の滝本駅から一気にケーブルカーで御岳平《みたけだいら》（８３１ｍ）まで登れば、だいぶショートカットになるので、その後の山行に時間を充てられる。ちなみに、滝本駅からケーブルカーを使わずにのんびり登ると、神社までおよそ２時間弱といったところだ。

御岳山はもともと山岳信仰の山で、東京でもっとも古い部類の神社が９２９ｍの山頂付近に鎮座している。

多摩地域でしばしば見かけるオオカミの護符

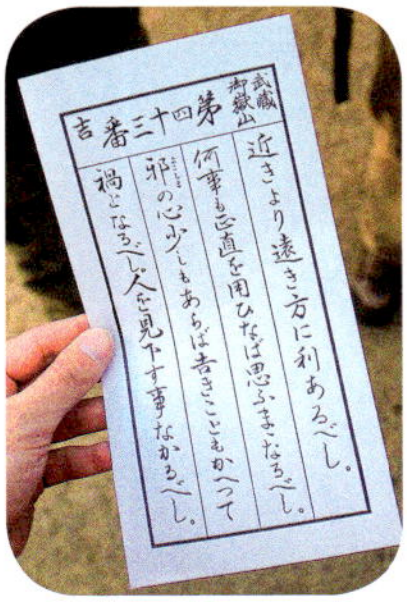

おみくじはオリジナル

大口真神社では狛狼がお出迎え

主祭神は櫛麻智命《くしまちのみこと》という占いの神さま。本殿の裏には「太占《ふとまに》」という古来の占いの一種が今も残っていて、毎年1月3日の早朝には鹿の肩甲骨を焼いた割れ方などでその年の行方を占っている。そんなわけで、占い好きなハイカーは、ここでおみくじを引いてみよう。おみくじ自体がオリジナルで、備え付けの解説書と読み合わせると気分が高まること間違いなしだ。

武蔵御嶽神社の拝殿の裏には、この山の本当の山頂がある。さまざまな神さまを祀る社が立ち並ぶなかで、ひときわ奥の高いところに鎮《しず》まっている「大口真神社《おおくちまがみしゃ》」が、まさに御岳山の山頂なのだ（脇に山頂碑がある）。この大口真神とはオオカミのことで、かつてこの山域で迷子になった日本武尊を道案内して救った白いオオカミが神格化して山を護《まも》っている。アニメ映画にでも登場しそうなキャラクターだが、日本武尊の逸話に因《ちな》めば、道中の難を救って厄除《やくよ》けしてくれるので、山の旅人たるぼくらとしては登山の安全を祈願しておきたい。

多摩川流域の農家の神「お犬さま」

実は、東京都下には大きな畑がかなりある。とくに川崎市を含めた多摩川流域の農地には、今なおオオカミが描かれた護符があちこちに見られる。

オオカミは獣害をもたらす動物を捕食してくれるので、手塩にかけて育てた野菜を護ってくれる農業の神さまとなり、お犬さまとして信仰されているのだ。

ぼくが暮らす多摩地域にも畑が多く、周辺の神社や住宅の戸口などでしばしば「オオカミの護符」を見かける。現代の東京にこんな信仰心が生きていることに素直に驚くし、知的好奇心を刺激されてワクワクする。

マイナスイオンに充ちた七代の滝

コケと滝が見どころのロックガーデン

コケマニアを虜《とりこ》にするのが「ロックガーデン」だ。マクロレンズのカメラを持って、さまざまな表情を見せるコケに近づき〝一歩進んで二歩下がる〟といった調子で写真に収める人をよく見かける。まずは「七代《ななよ》の滝」に向かおう。この滝は、滝壺のすぐそばまで行けるので、水しぶきを浴びてリフレッシュするには最高の場所。水が滴《したた》り落ちる岩壁はみごとなコケに覆われている。

七代の滝をあとにして鉄の階段を登ると、「天狗岩」に至る。杉の根っこに包まれた巨大な岩で、鎖《くさり》と木の根をつかんで岩の上に登れば、天狗に出会える。そういえば、この山にはムササビが棲んでいて、運がよければ巣箱に入って寝ている姿を目撃できる。暗闇を自由に飛び交うムササビを妖怪とみなし、天狗の正体とする説もあるが、この山の天狗はそうして生まれたのだろうか……。

コケ生《む》す沢道をのんびり歩き、やがて現れる「綾広《あやひろ》の滝」はなかなかの迫力だ。今も武蔵御嶽神社の神事が行われる禊《みそぎ》の滝でもあり、滝行の体験プランなどもある。祓戸大神《はらえどのおおかみ》がそばにあることからして、滝の神さま「瀬織津姫《せおりつひめ》」ではなかろうか。よく見ると、滝の上に蔵王権現が祀《まつ》られている。蔵王権現がいる山を「御嶽《みたけ》」と呼ぶが、この御岳山が雪月花の三御嶽の一つとされる話に興味を抱いたきっかけが、武蔵御嶽神社の御朱印《ごしゅいん》だった。

ちなみに「雪の御嶽」は木曽の御嶽《おんたけ》を、「花の御嶽」は甲州御岳山こと金峰山《きんぷさん》を指す。ともに日本百名山の名峰だ。そして、「月の御嶽」と呼ばれるのが、この御岳山。ぼくにとっては特別な山であり、雪月花の三山を何度も訪れて地域の物語を辿《たど》る山旅の面白さに目覚める糸口となった。都心から電車で手軽に行けるのだから、多くの人に、何度も楽しんでもらいたい山である。

巨岩を丸ごと包むように張った根の上に「天狗」がいる

綾広の滝。その水飛沫を受け、滝壺のかたわらに鎮座する祓戸大神

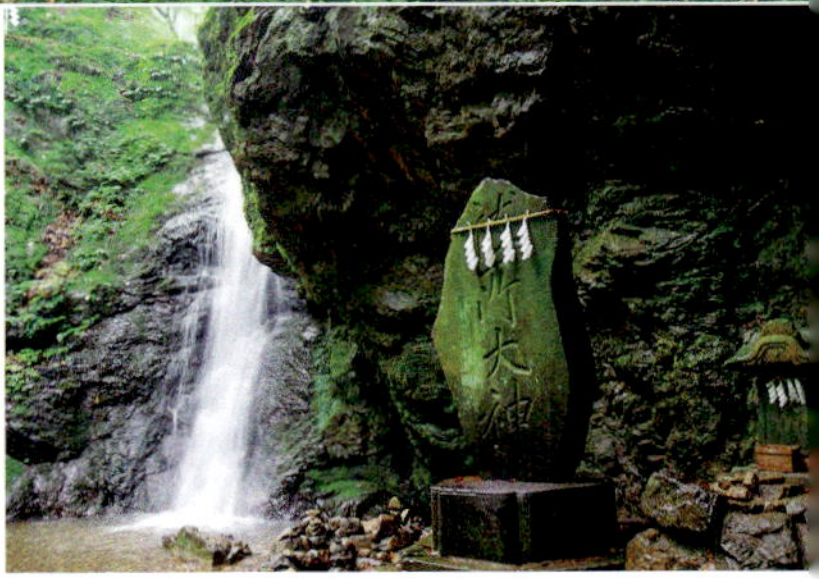

長尾平をゆくハイカーたち

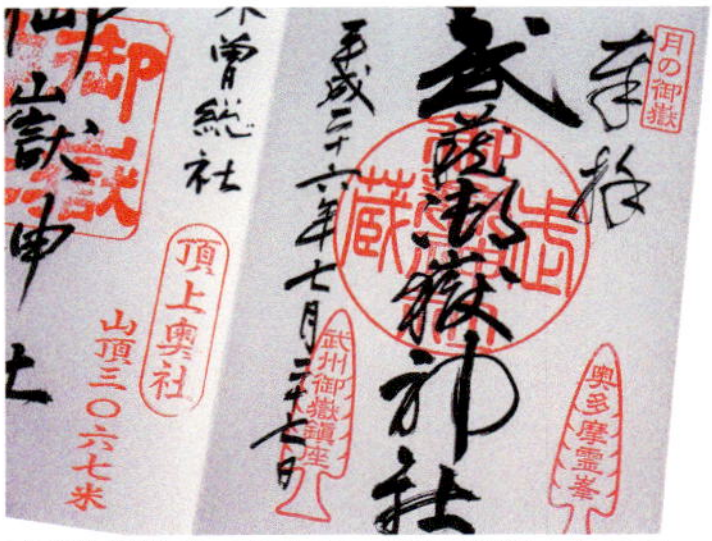

武蔵御嶽神社の御朱印。「月の御嶽」とある

▲コースガイド

アクセス：御嶽駅（JR 青梅線）よりバス、ケーブルカー
駐車場：滝本駅
山行時間：約４時間

男具那ノ峰《おぐなのみね》

1077m

御岳山奥の院

「奥の院」は、男具那ノ峰とも甲籠山《こうろうさん》とも呼ばれ、本当にきれいな三角形をした山だ。昔の人はこんな美しい形状の山を聖なる山として崇めてきた。日本武尊が鎮まるこの奥の院も、その一つだ。

武蔵御嶽神社の参道から見る三角形の奥の院。
左手には空中都市のような御岳の街並み

東京の御岳山は多彩な山遊びができるので、何度訪れても飽きない。休憩に人が集まる長尾平《なごおだいら》の入口は、その多彩な山道の分岐ポイントとなる。苔と渓谷美を堪能できるロックガーデンコース、山岳信仰と富士見登山の大岳山《おおだけさん》、そして日本武尊《ヤマトタケルノミコト》を偲ぶ奥の院など、さまざまなバリエーション・ルートの出発点となる。これらを含めたすべてが「大都会・東京」の姿。ハイカーにとって東京とは、実に懐の深いアウトドア・フィールドといえる。

通称「奥の院」と呼ばれるこのきれいな三角形をした山は、男具那《おぐな》ノ峰《のみね》とか甲籠山《こうろうさん》ともいう。余談だが、男具那とは日本武尊の幼名だ。群馬県にある日本百名山・武尊山《ほたかやま》は、その名の通り日本武尊が関係する山岳信仰の山で、麓にあるスキー場を「オグナほたかスキー場」という。経営者は神話を知っていて、その名を付けたに違いない。

そして甲籠山とは、甲冑《かっちゅう》を籠《かご》に納めたという意味で、これが「武蔵」の語源になったという。秩父の〝武具を蔵に納める〟という説とほぼ同じだが、山名にこれが残っているという点で、東京の御岳山に分がある……そんな話が中里介山《なかざとかいざん》の大河小説『大菩薩峠』に記されている。

奥の院入口の目印、天狗の腰掛杉

長尾平の入口の分岐ポイントを右手に進むと、ほどなく杉の巨木に出会う。周囲の杉とはまったく異質のいで立ちで、ぐっと持ち上げた腕がたくましい。この力こぶのあたりに天狗が腰を掛け、奥の院を護《まも》

これが東京？と思わせる霧の嶺

っていたのだろうか。推定樹齢350年、その名をまさに「天狗の腰掛杉」という。

そばに立つ鳥居が奥の院の入口だ。ここから北側の山稜を遠望することができる。このみごとな山並みが東京なのだから嬉しくなる。お辞儀をして鳥居をくぐると、その先の神域はここまでの道のりから変貌する。奥の院への山道は、杉の根っこと急登との戦いになり、鎖場《くさり》もある。御岳山のみでは物足りない人にとっても、奥の院へ向かう片道小一時間は、登山の醍醐味《だいごみ》を味わえる面白い山旅になるだろう。

野生の杉に左右を護られた参道を登ってゆくが、巨木を縫うように歩くのが実に楽しい。

ただし、杉の根っこは足を踏み外しやすいし、木肌が濡れていたらツルンと滑る。根っこの間の平面に足を運び、歩幅を狭《せば》めて前傾で歩き、膝を柔らかく曲げて中腰で登ろう。普段のように背筋を伸ばして大股で歩くと、滑って転んで尻を打ったり、下手すると後頭部を打撲する。

こんな山道を自分のペースで歩くうちハイカーは経験値を上げていく。

鳥居の傍らに陣取る「天狗の腰掛杉」

行く手を阻むかのような杉の根。この先にご褒美が

弟橘姫が静かに見守っている

山中に突如として現れる赤い社

登り始めてまもなく、弟橘姫《おとたちばなひめ》の碑が現れる。日本武尊の奥さんだ。『古事記』などの記紀神話において、彼女は行く手を阻《はば》む荒ぶる海の神を鎮めた、日本武尊にとっての女神だ。この先にいる夫を護る役割であり、この根っこの道を行くハイカーにとっての女神でもあるだろう。そんなことに思いを馳せ、手を合わせ、先に進む。

赤い社《やしろ》の裏から本当の山頂へ

途中、鎖場が現れるが、足場はわりに広く平坦だ。鎖に手をかけ、ゆっくりと小さな歩幅で進む。と、また急登が現れ、つづら折りを登る。そうして難所を乗り越えた先に、階段が現れる。視線を上げると、そこには赤い社が佇んでいる。奥の院だ。

ここまで来て、手を合わせ、ほっとして帰ってしまう人が多い。しかし、本当の見どころはこの上にある。

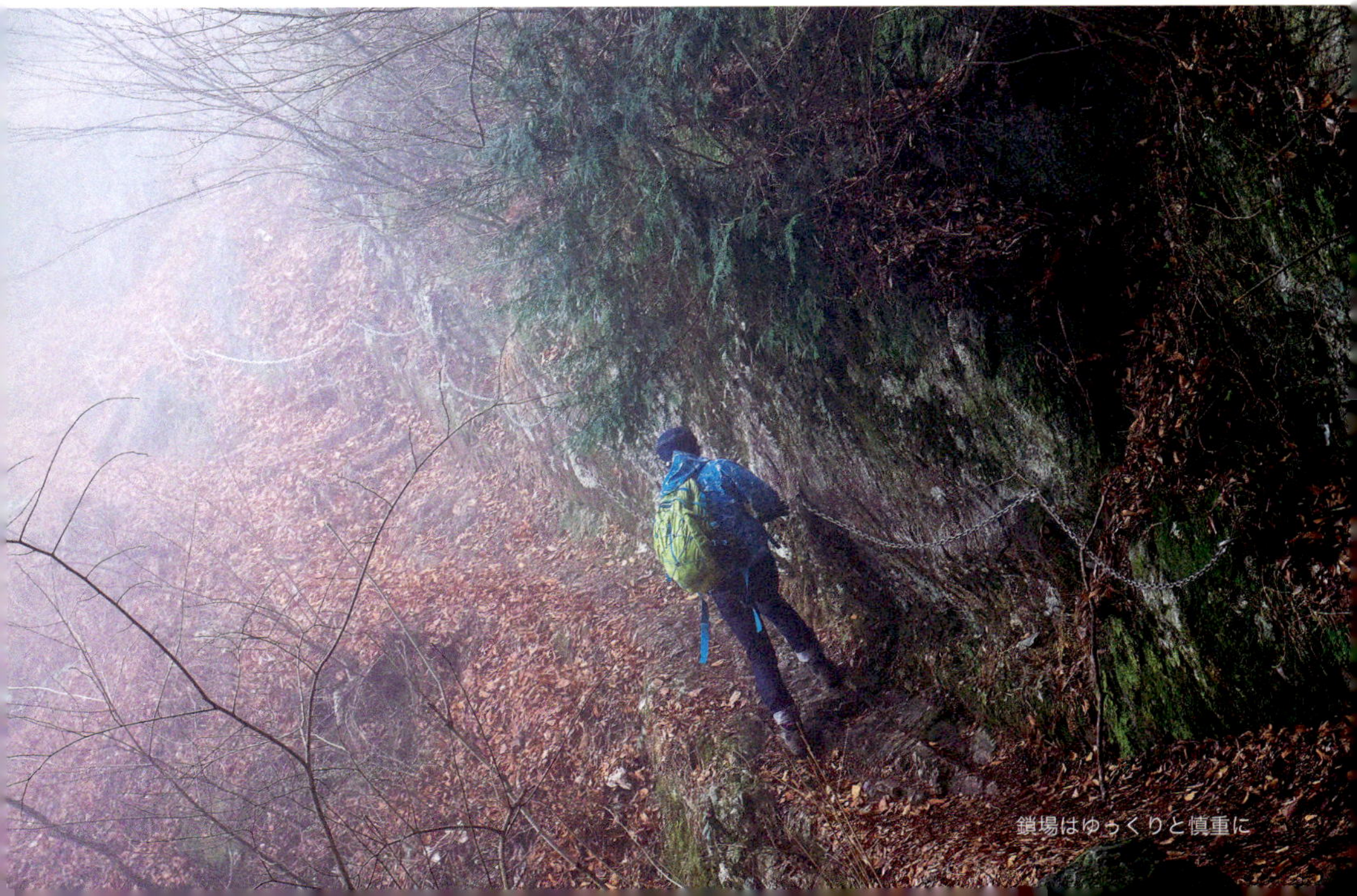
鎖場はゆっくりと慎重に

男具那ノ峰の山頂で日本武尊にご挨拶

社の裏手にはさらに少し登る道筋が延びている。急な岩場だから両手を使って登ろう。ゆっくり進めば大丈夫。

そうして到達した場所が、男具那《おぐな》ノ峰の山頂。小さな社と、万歳をした杉の木が歓迎してくれる。山頂はほどよい広さで20人くらいは余裕をもって休憩できる。ここでお昼としよう。

ところで、この奥の院は標高１０７７ｍ。御岳山が９２９ｍだから、ちょっと高度を上げたことになるが、ハイカーとしてみれば低山の部類といえるだろう。そんな山でも、条件がそろえば雲海が望める。この雲の下には東京と神奈川の街がある。ぼくらが暮らす大都会でも、こんな自然現象に出会えるのだから、山は面白い。

ここからさらに南西に聳える大岳山《おおだけさん》をめざしたり、ロックガーデンに立ち寄ることもできる。バリエーションが豊かな山だが、帰る場合は来た道をそのまま戻ることになる。

急な下りと鎖場を越え、杉の根っこをクリアする。ほどよく西日が照らす鳥居をくぐり、長尾平に到着すれば、あと一息。なのだが、ここからケーブルカーの駅まで約30分かかる。最終便の時間は確認しておこう。

巨人が万歳してアニメのキャラクターのよう

東京で見る雲海。低山でも驚きの表情を見せる

長尾平は分岐ポイントとなる休憩場。ときにヘリコプターも舞い降りる（右が山頂）

武蔵御嶽神社の下からロックガーデン、奥の院、大岳山方面へと分岐する。大岳山は芥場峠をめざせば分かりやすい

▲コースガイド

アクセス：御嶽駅（JR 青梅線）よりバス、ケーブルカー

駐車場：滝本駅 ／ 山行時間：約３時間

日の出山からの眺め

大岳山《おおだけさん》

1266m

狛《こま》オオカミが迎える東京の名峰

〝花の百名山〟と謳われ、「日本二百名山」でもあるこの山頂には、丹沢山塊と富士の大展望が待っている。静かな山中は厳かな雰囲気で、可愛らしい狛狼が出迎えてくれる。

大岳山には、御岳山やロックガーデンから入る道、あるいは御岳山奥の院（男具那ノ峰）から向かうコースなど、さまざまなバリエーション・ルートがある。

山に慣れたハイカーなら奥の院とあわせて訪れたいが、そうでないなら、御岳山の長尾平から「綾広の滝」前の分岐をそのまま真っすぐ大岳山に向かうといくぶん楽だ。

綾広の滝の分岐を過ぎると、やがて「芥場峠《あくばとうげ》」に出る。そのすぐ先には鍋割山との分岐があり、奥の院からのコースはここで合流する。ここから大岳山までは40分ほど。鳥居が現れると、山頂直下の最後の急登となる。

多彩な登山ルートの目印となる山容

大岳山と連なる御岳山は、日の出山、金比羅尾根、ロックガーデン、奥の院（男具那ノ峰）など多彩なルートが楽しめる山だ。その流れで大岳山を経由すれば、鋸尾根から奥多摩駅、養沢《ようざわ》から大岳鍾乳洞など、奥多摩や檜原《ひのはら》村のあらゆる方面につながる。

大岳山は東京を代表する山岳信仰の山。鳥居をくぐり山頂へ向かう

大岳山から南方に丹沢山塊を望む。東の大山から西の富士山まできれいに連なる山嶺

三頭山、御前山と併せて「奥多摩三山」

東京の日帰り登山は、この大岳山と御岳山を押さえておくと、低山遊びのフィールドがぐんと広がるはずだ。さらに行けば、日本の滝百選「払沢《ほっきさわ》の滝」や、東京都指定天然記念物「神戸岩《かのといわ》」など、東京が誇る自然資源に到達することができる。ちょっと歩く距離が長いので、これらは山に慣れてからのお楽しみとしておこう。

大岳山の山容は、かなり特徴的だ。とんがり頭の山頂と、右側にこんもり盛り上がった肩……。一度見れば、忘れないだろう。ぼく自身、東京や神奈川方面からは、この山を方角の目印にしている。中央線などの鉄道、中央自動車道などはもちろん、平野のあちこちから大岳山を確認することができるのだ。

昔の船乗りはこの山を目印にしていたそうだ。秩父の両神山《りょうかみさん》や甲州の金峰山など、各地に見覚えた山があると低山トラベルは楽しくなるし、心強い。山は、たんに登るだけではなく、山型も目に焼き付けておけば、その後の山行がぐっと面白くなる。

山頂直下、大嶽神社本社の愛嬌のある狛狼

▲コースガイド

アクセス：御嶽駅（JR 青梅線）よりバス、ケーブルカー
駐車場：滝本駅にあり
山行時間：約４時間

金《こん》比《ぴ》羅《ら》山《ざん》

468m

東京の山遊びシーンの中心が、あきる野市や檜原村に移る日は近いかもしれない。武蔵五日市駅を起点とした山歩きに温泉、河原ＢＢＱにサイクリングなど、週末をこの地で過ごす人が増えている。「けっこうローカル！」という点が、東京で断トツの魅力になっている。

琴平神社の裏手に座す「天狗岩」

「天狗岩」の裏側の表情。こんなみごとな磐座（いわくら）は東京では珍しい

時代が〝ローカル〟を志向しつつあるなか、東京を「自然も田舎もない大都会」とひとくくりにする論調には異を唱えたい。というのも、都会に憧れて地方から出てきたぼくは、登山をきっかけに、東京にも素晴らしい自然環境と地域文化があることに気づかされたからだ。

ここ金比羅山はほどよい裏山といった風で、高尾山や御岳山ほどハイカーはおらず、忙《せわ》しない都会暮らしのなかで見い出したわずかな時間を楽しむにはもってこいの山だ。春にはヤマザクラやツツジがみごとで、ひと足のばせば「南沢あじさい山」もある。

駅から住宅街を抜けて裏山へ入る

JR立川駅で中央線と枝分かれする五日市線。その終着駅が武蔵五日市駅だ。駅前からは檜原村行きのバスも発着するためロータリーが広く、週末は多くのハイカーやサイクリストが集結する。近年、都心から居を移す人も増えているそうで、とくにあきる野市と檜原村といった「武蔵五日市エリア」は地域活性の動きが盛り上がっている。

歩きはじめは武蔵五日市駅から。あきる野市役所・五日市出張所の裏手を過ぎると、住宅街の一角に道標が立っている。一般の住宅内に立っているのでご注意を。ここから山の方へと進み、やがて薬師堂の手前でいよいよ山に入る。

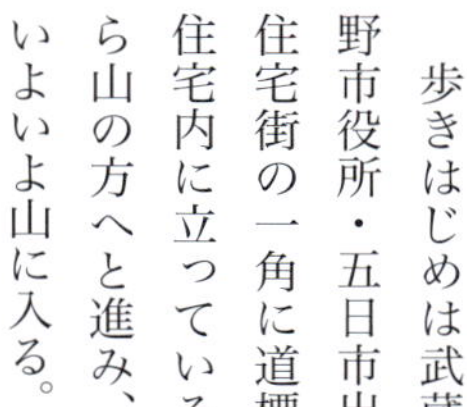

住宅の塀の中に立つ標識

新しい東屋から、あきる野の街を望む

勾配《こうばい》はさほどきつくはなく、裏山といった道を辿る。ほどなくまき道との分岐を示す道標が現れるが、そちらには行かず右手に進路をとる。山頂までそう長くはないが、登っていると、山頂間近にほどよい休憩スポットが待っている。真新しい東屋《あずまや》はまだ木肌も美しく、ここからの眺めは、実は山頂よりもよい。

巨石と本当の山頂

鳥居とともに現れるのは琴平神社だ。ここまで登ってお参りすると山頂だと勘違いしそうになるが、本当の山頂はこの先にある。とはいえ先を急がず、ここで休憩をとろう。最初の東屋でもよいが、琴平神社のそばには20人は余裕で入れる大きな東屋があり、もし雨が降っても昼食はとれる。トイレもそばにあり、親子登山にもよさそうだ。

琴平神社の裏手には、この山一番の見どころがある。神霊が降りてきて鎮座するとされる巨石で「天狗岩《てんぐいわ》」と呼ばれている。

その昔、日本には自然崇拝から山岳信仰が起こり、それは今なお続いている。美しい三角の山や、特異な岩山、滝や湖、巨木などに神や精霊が宿るとして、信仰の対象となった。とくに巨岩は「磐座《いわくら》」と呼ばれ、信仰の起源となることが多い。これまで山上の磐座を各地で見てきたが、その多くは麓に社《やしろ》がつくられて親しまれている。しかし、この天狗岩は麓の阿伎留《あきる》神社とは関係がないようで、どんな物語があるのかはわからない。

五日市小学校・中学校の間を通り、民家の中に立つ道標から山へ入る。下山は星竹林道から瀬音の湯へ

天狗岩の脇の道を奥へと進むと、やがてマーキングのカラーテープが見つかる。ここを折り返し、登り上げる道を辿ると、そこが金比羅山の山頂だ。とはいっても、簡素な黄色いプレートが山頂の杉の木にくくり付けられているだけだから、見落とさぬよう。

向かって右の道からくるが、このカラーテープを目印に
左の細い道へと折り返すと、ほどなく山頂

琴平神社前の白いプレートは、一見、山頂かと勘違いしそうになるが、実は本当の山頂はこの先にある。木々に囲まれ、気づかずに通り過ぎる人が多いが黄色いプレートが目印

秋川渓谷の温泉めざして……

ふたたびマーキングのあった道へ戻り、同じ方向へ進むと、すぐに林道に下りる階段がある。ここからが「星竹林道《ほしたけ》」となる。右手に行くと南沢あじさい山、左手の橋をくぐって小1時間ほどで、里山のような風景に出る。

そのまま道なりに下りて行けば、秋川の渓流へ……。せせらぎの音を聞くうち、「いっすいのこんにゃく」なる暖簾《のれん》が目に入る。刺身こんにゃくはこの店の名物でビールによく合う。お土産に喜ばれるだろう。

広めの通りに出たら、向かい側に渡る。日帰り温泉「瀬音の湯」への道標の先には、東京でもなかなかよい泉質の湯が待っている。ハイカーが多数利用するためか、施設内にはザックを置くための棚が設置されている。管理は自己責任だが、うれしい配慮だ。

下山後の温泉を楽しんだら「石舟橋」を渡って帰ろう。秋川に架かる96mの吊り橋は歩行者専用。日暮れの秋川渓谷に別れを惜しみ、十里木《じゅうりぎ》からバスで武蔵五日市駅へ。電車はここからすべて始発。座って帰路につけるありがたさ、武蔵五日市で遊ぶハイカーの特権だ。

星竹林道を経て「瀬音の湯」へ

（右）夏の秋川渓谷。東京にもこんな自然が残っている。緑陰と涼風の河原で癒しのひととき

石舟橋。１００m近い歩行者専用の吊り橋は、秋川の美しいせせらぎを眺める絶好のポイント

山を下りて刺身こんにゃくで一服

▲コースガイド

アクセス：武蔵五日市駅（JR 五日市線）から徒歩
駐車場：武蔵五日市駅前（有料コインパーキング）
山行時間：約２時間半

雲取山《くもとりやま》

2017m

世界有数の大都会・東京で一番高い地点は、百名山に名を連ねる雲取山だ。標高2017mはとても低山とは言い難いが、歩くと優しい気持ちになれる、稜線の気持ちいい山なのだ。

七ッ石山から雲取山をめざす
気持ちいい尾根道

ぼくの故郷・宮城県の最高峰は蔵王連峰の屏風岳《びょうぶだけ》で、標高は１８２５ｍ。なんと、東京の方が高い！

これを知って、いささかショックを受けたものだが、今では東京が「登山天国」だということを嬉しく思っている。

大都市ならではの利便性を活かした多様な登山が楽しめるのが東京登山シーンのいいところ。発達した交通網で日帰り登山ができるし、この山なら初めての山小屋体験にもお薦めだ。

紀州・熊野とつながる山

雲取山のことを知るには、紀州の世界遺産・熊野古道を紐解《ひもと》きたい。熊野那智大社と熊野本宮大社を結ぶ山道は、参詣者たちが越えなければならない難所。それを「大雲取越《おおぐもとりごえ》」と「小雲取越《こぐもとりごえ》」という。熊野三山詣《もう》でを終えて本宮大社へ戻る際に、雲の中を行くかのごとく大雲取山（９６６ｍ）を越える古道だ。今は那智大滝近くに聳える妙法山（７４９ｍ）と分岐しているが、かつてはこの山を経由することもあった。

雲取山のすぐ南には「小雲取山」があるし、三峯神社の奥宮が鎮座する山を「妙法ヶ岳」と呼び、熊野と東京それぞれの呼称にその名残りがある。白岩山《しらいわやま》、妙法ヶ岳を併せて「三峰山《みつみねさん》」と名付けたこの山域では、役行者《えんのぎょうじゃ》が修行をしたことが伝わっている。

この修験道の開祖・役行者は、奈良の吉野と熊野とを結ぶ修行の

尾根道に富士山と同じ形のケルンを発見！

道を開いた。これが「大峯奥駈道《おおみねおくがけみち》」であり、熊野三山とともに世界遺産を形成している古《いにしえ》の祈りの道。こうした歴史のつながりを思うと、東京の山が熊野の信仰に結びつくのも頷ける。もっとも、雲を手に取れるほどの山、という単純な由来もありそうだが……。

七ッ石山の心弾む尾根を辿って雲取山荘へ

人気の高い山だけあって、登山ルートはいくつかある。なかでも、奥多摩湖畔の鴨沢《かもさわ》から登るルートが一般的だ。車なら「小袖《こそで》乗越《のっこし》」に駐車場がある。

ここからおよそ6時間。ちょうど中間あたりで七ッ石小屋を経て七ッ石山の頂を踏む。巨石が点在するこの頂までくれば、雲取山までの気持ちのよい稜線が現れ、一気に心も弾むだろう。

防火帯の尾根道は開けており、南に重なる山嶺の奥には富士山がすっくと立ち上がり、ずっと歩いていたい道だ。

七ッ石山を越え、ヘリポート、奥多摩小屋、小雲取山を経ると、いよいよ雲取山の山頂へ――。

しかし、雲取山荘に宿泊するとなると、山頂をそのまま通り越して三峯神社側へ

七ッ石神社には平将門が祀られ、石となったお供の武者七人も祀られると伝わる

東京の一番高い所で見る夜明け。雲取山荘は初心者も利用しやすい宿。朝食をとったら出発！

とかなり下ることになる。

山小屋の夜は早く、もちろん朝も早い。夜明けとともに朝食、6時には出発する。

三峯神社へ下山する場合は、尾根道から和名倉山《わなくらやま》（二百名山）の眺めがいい白岩山、霧藻ヶ峰《きりもがみね》を縦走して、三峯神社へと下る。途中で分岐する妙法ヶ岳にも立ち寄れば、奥宮登拝のアドベンチャーな道を楽しめる。鴨沢へ戻る場合は、いったん雲取山の山頂まで登り返すことになる。早朝の澄んだ空気がもたらす眺望を楽しみに——。

歩き終えてみると、こんな大都会にこんな山があるなんて、奇跡じゃないかと思えてくる。しかし、広域地図をよく見れば、東京都の西半分は山岳地で、山里には地方にひけをとらないローカル色がたくさん残っている。都心からわずか50キロほどだというのに……。

最近は、休日の早朝、西へ向かう電車はハイカー・ラッシュで賑わう。この現象は〝遊びの宝物〟が西部にまだまだ埋もれているということだろう。

面白い遊び場は都心だけではない。登山ブームをゴールドラッシュに例えるのも妙だが、東京を見直すフィールドが西部開拓にありそうな気がする。

早朝の展望写真は何枚撮っても飽きない。天候に恵まれれば東京の山並みが一望

奥多摩湖西岸の鴨沢よりスタート。七ッ石山、小雲取山を経て雲取山へ

▲コースガイド
アクセス：JR 奥多摩駅よりバス「鴨沢」下車
駐車場：小袖乗越
山行時間：登り約6時間、下り約5時間

クマさん、お逃げなさい

突然、ぷ～んとケモノ臭が漂ってきた。まるで動物園にいるような臭い。ああ、近くに「獣」がいるぞ、ちょっとヤバいなーと感じた。ゆっくり前に進んでみると、その強烈な臭いの正体が、じっとこっちを見ていた！ これ、初めて山でクマを見たときのこと。幸いにも谷を挟んで向こう側にいたので、事なきを得たけれど。

東京の奥多摩あたりはクマの目撃情報が年々増えていて、ビジターセンターなどに情報を求めれば、日々の目撃件数を教えてくれる。とくに2016年は8月の時点で40件。例年のペースを上回っているため、おそらくここ数年でもっとも多くなるだろう（奥多摩ビジターセンターHP参照）。

最善の対処法があるとすれば、それは〝出会わない〟こと。元来、人間からは距離をおく生き物なので、こちらの存在を知れば近寄ってくることはまずないが、次の3つのポイントは覚えておきたい。

●自然界にない音を出して気づいてもらう

ホイッスルや指笛は強力で、ペットボトルをベコベコつぶしながら歩くのもよい。歌を歌ったり、ワハハと笑いながら会話をしたりもよい。しかし、川や風の音などにかき消されてクマに聞こえていないケースもあるだろうし、曲がり角の向こうは音が届きにくい。

だから、熊鈴の小さな音に頼るのではなくて、場所の状況を考えて、笛をピーっと鳴らすのが一番いいだろう。それに加えて、ぼくは歩きながら時おり拍手をする。これらはどれも自然の世界にはない音。クマは異質な気配を感じ、身を隠すだろう。

●人に会ったら元気よく挨拶をする

山では、出会った人には必ず声をかけるものだが、最近は挨拶しても返さない、さらには挨拶すらしない人がほんとうに多い。だけど、よく考えてみてほしい。人と出会ったときに「こんにちは！」と元気よくかける声は、すでに「クマ対策」にもなっているのだ。人の声をあちこちで聞いたら、クマは山奥へと身を隠すだろう。挨拶とクマ対策。一石二鳥である。

●AMラジオをつけて

小型のラジオをザックのポケットに入れて歩く人を、山で見かけたことはないだろうか。これは、とても意味のあるクマ対策だ。AMというのがポイントで、山歩き中にガガッという雑音が入りこんできたら、空を見上げてほしい。厚みのある雲ができつつあれば、それは「雷雲」の可能性が高い。そう、AMラジオの電波は、雷に反応する性質があるのだ。もちろん、ラジオの音に気付いたクマは身を隠すだろう。雷探知とクマ対策。これまた一石二鳥なのである。

そうだ、最後に大切なことを忘れていた。出しすぎた音で周囲の気配をかき消してしまう恐れがある。自分自身がクマに気付かなかったってことに、ならないように……。

Yamanashi

山梨は
日本一の山アリ県

大海原のように広がる山々に溺れ、
深い山岳文化に浸る。
甲斐国の珠玉の低山歩き。

岩殿山《いわどのさん》

634m

甲斐の武田家が滅亡するきっかけとなった岩殿山は、山頂から眺める富士山が美しい。メインルートの稚児《ちご》落としではなく、山の東側から登る変化球ルートには、思わぬ見どころが待っている。

岩殿大神が祀られる巨大洞窟で日ごろ
味わえない体験を。雨宿りにもよし

岩がそのまま山となったような佇まい

眼前にとてつもなく大きな岩が現れ、それがそのまま山となって聳《そび》えている姿が、周囲を圧倒している。中央本線の車窓から初めて岩殿山を見たとき、思わず写真を何枚も撮ったものだ。

JR大月駅の目の前にある岩殿山は、都心からのアクセスもよく、しかも日帰り登山が楽しめる低山とあって人気の高い山である。634mという標高は東京スカイツリーと同じ高さで、ここから眺める大月市街地の様子は低山ならではの距離感。高すぎない山頂からは、麓《ふもと》の営みの様子がはっきり見て取れるので、チルトレンズで撮ったなら、さぞ面白いジオラマ写真になるだろう。

眼下に広がる大月の街並み

天空のお花見は東ルートから

岩殿山の頂《いただき》からは富士山がよく見える。秀麗な富嶽《ふがく》を山頂から望める山を、大月市は「秀麗富嶽十二景」と定めている。岩殿山はその一座であり、低山ながらこの頂から眺める富士は、日ごろ目にする姿とは異なる趣がある。目線の高さ然《しか》り、山嶺の上に聳えるアングル然り。

春を迎えた岩殿山は、山頂をたくさんの桜に覆われる。この桜をめざして登ってくるのはハイカーだけではない。地元の老若男女が普段着で〝天空のお花見〟を催すためにやってくる。

というのも、南麓の正面登山口（岩殿城跡入口）は、コンクリート

黄昏の山頂から眺める秀麗富嶽

の階段と舗装路で、山頂付近まで楽に登れるからだ。ジーンズにスニーカーで上がってくる人を横目に、登山装備をしている身としては拍子抜けするが、ぼくらハイカーは自然を軽視せずに備えたい。そして、登り始めも別ルートをとろう。正式名称がないので「東ルート」と呼んでいるが、こちらから登る人は少ないから、ハイシーズンの週末でも静かな山歩きが楽しめる。

大月駅から岩殿山の正面登山口を通過し、そのまま県道１３９号をしばらく歩くと、左手に山にとりつく階段がある。その向かいあたりに「岩殿上」のバス停があるが、そっちへ下ると「日本三奇橋・猿橋」に至る。江戸の浮世絵や松尾芭蕉の句にも登場する一風変わった橋は、またの機会に訪れよう。

東ルートの登山口は緑に包まれている

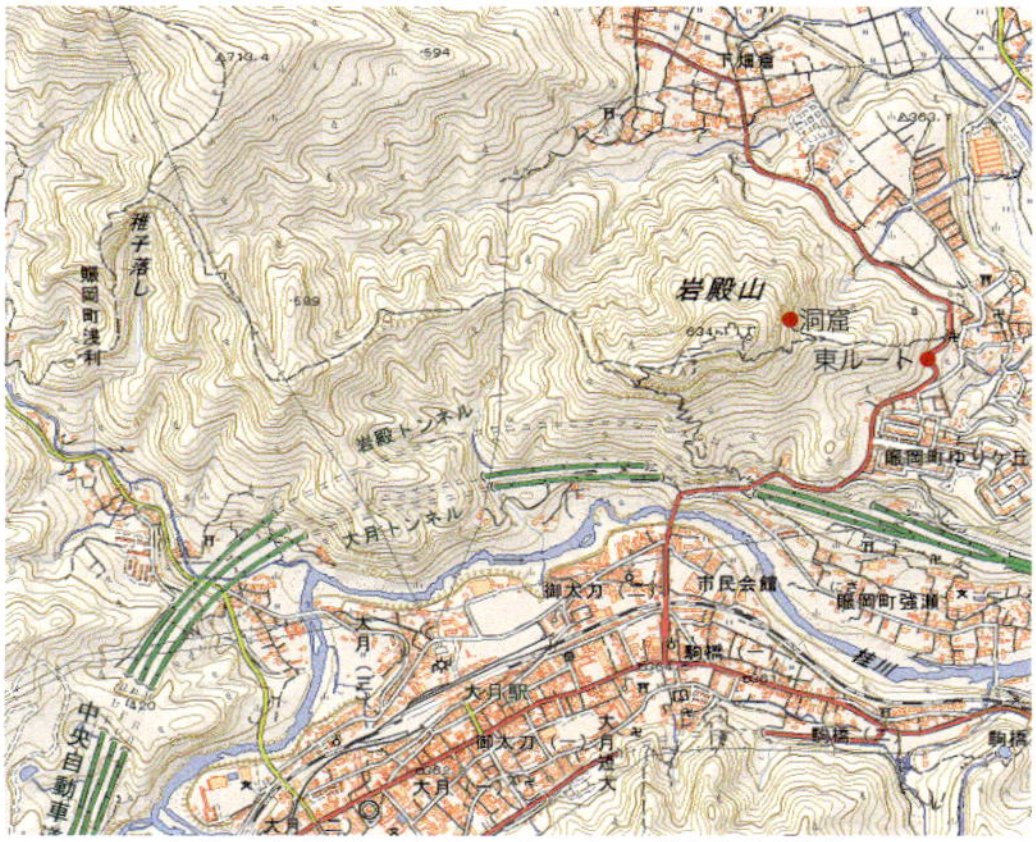

東ルート登山口からスタート。「巨大な洞窟」が山頂への途上にある

東ルートは自然に触れながらの山歩きが楽しい。最初は階段が続くが、やがて山道となり、落ち葉がほどよいクッションとなった尾根道へ出る。そんな変化の連続が山歩きを楽しくしてくれる。ときおり木々の間から東方に百蔵山《ももくらやま》、扇山《おうぎやま》（ともに秀麗富嶽十二景）の山容が見えるので、次なる山行の観察のためにも絶好の景観となる。

最大の見どころは「岩殿大神」

20～30分も歩くと「七社権現洞」なる目印が現れる。この道標《みちしるべ》に従い、やや急な脇道にそれる。ロープに頼りきらず、片手も使ってこの難所を通過しよう。すると、そこに巨大な洞窟が口を開き、岩殿大神が祀《まつ》られた祠《ほこら》が迎えてくれる。急な雨でも10人は軽くしのげるほどの広さなので、登山計画を立てる際には、この洞窟のことを頭に入れておこう。雨に降られてお昼が食べられない時も、ここなら大丈夫だ。

ところで、岩殿山の見どころ「稚児《ちご》落とし」にふれておきたい。織田信長、徳川家康による甲州侵攻から逃れてきた武田勝頼が入城を拒否されたことから、甲斐の名門・武田家滅亡の一因となったのが、この岩殿山に残された物語。

東ルートは猿橋側のひらけた展望がすばらしい！

裏切った城主・小山田信茂は織田に見限られ甲斐善光寺で処刑される。一方、追手を逃れて山中を進む側室・千鳥姫とその一行は、途中泣き出した赤子によって敵に見つかることを恐れ、その手にかからぬように絶壁から投げ落としたという。それが「稚児《ちご》落とし」だ。

今では絶景とスリルの名コースだが、甲斐の歴史と岩殿山の伝承にも目を向け、名称由来の悲話も知っておきたい。

ちなみに、入城を拒まれた武田勝頼は山中を彷徨《さまよ》い、天目山《てんもくざん》（甲州市大和町木賊付近）をめざして自刃《じじん》して滅びた。この戦国の世のエピソードは「大菩薩嶺」の麓にも繋がっている。

「稚児落とし」と大月駅の分岐で

敵の侵入を防いだ揚城戸跡

桜の季節、明るくなった山頂は別世界となる

▲コースガイド
アクセス：大月駅（JR 中央本線）から徒歩
駐車場：岩殿山登山口付近
山行時間：約 2 時間

乾《けん》徳《とく》山《さん》

2031m

アドベンチャー要素と歴史の深さを兼ね備えた乾徳山。木花の美しい樹林帯を抜け、風駆ける草原を越えると、連続するスリリングな岩場と大展望が待っている。２０００ｍを超す山だが、日帰り登山ができて見どころも多く、いつか初心者に挑戦してほしい名山だ。

切れ落ちる岩肌はかなりスリリング！

三角の尖った頂をもつ乾徳山

深田久弥が選んだ日本百名山に加え、そのファン組織によって選ばれた１００の名山を併せて「日本二百名山」という。乾徳山はその一座で、塩山あたりから望む鋭い三角形をした山容は勇ましい。国師ヶ原《こくしがはら》から草原を越えて「月見岩」までくると、荒々しい岩肌を木花が覆う優しい表情になる。しかし、山頂直下では絶景と岩場が織りなすアドベンチャー登山となり、本当に面白い山だ。

乾徳山の登山口はいくつかある。ポピュラーなのは乾徳公園からで、前宮神社を経て国師ヶ原へ向かうルートと、徳和峠から道満《どうまん》尾根を辿るルートがある。スタート地点をなるべく奥に求めるなら、大平高原の先の林道沿いに２〜３台の車を停められるので多少は短縮できる。いずれにせよ、月見岩で合流するまでは樹林と岩場の単調な急登を進む。

月見岩から鎖《くさり》場のアドベンチャー

やがて、国師ヶ原から扇平にかけ草原のような風景のなかに飛び込むと、眼前に乾徳山が山容を露わにする。

いくつかのルートが合流する月見岩が、乾徳山を仰ぎ見るには絶好のアングルだ。振り返って富士山、南アルプス、そして塩山周辺の広い町景色にいったん別れを告げて、扇平からはいよいよ乾徳山の真骨頂ともいえる岩の殿堂へ——。

最初は小ぶりな岩だが、高度を上げるにつれ、

緑に覆われた山容だが、この先は岩場の連続となる

その大きさは人の背丈を超えてくる。切り立った岩の縁を歩いたり鎖場をよじ登るのは、高所恐怖症の人はちょっと尻込みするかもしれない。仲間のサポートを受けながら、ゆっくり登ろう。その先に絶景が待っている。

途中、髭剃岩《ひげそりいわ》などの巨岩の見どころを経て、最大の難所に挑戦しよう。山頂直下の鳳岩《おおとりいわ》はほぼ垂直で約20mの最後の岩壁だ。ここを鎖と岩のクラック（割れ目）を頼りによじ登るのだが、手がかり足がかりは意外としっかりつかめるので落ち着いて登ろう。ここを避けたい人には、裏の岩場に梯子がかけられた迂回路があるので、ご安心を。

こうして岩にかじりついて登ってきた先に、山頂が待っている。

岩肌にふれる楽しみを味わいながら……一歩一歩

鋭いエッジの「髭剃岩」

頂上の大パノラマは、北に甲武信《こぶし》ヶ岳、東に大菩薩嶺がどんと座している。南には塩山や石和《いさわ》の町、その先に横たわる御坂《みさか》山塊の上に富士を拝める。西方には八ヶ岳、手前の山嶺の上にぽつんと金峰山《きんぷさん》の「五丈岩」が飛び出している。ぼくは山梨にくると、いつも方位の目印になる五丈岩を探す。甲府の町の北に位置し、さながら北極星のように甲州の山の要《かなめ》となっているからだ。五丈岩は古くから信仰のシンボルで、ここから金峰山信仰が四方に広がった。

乾徳山で修行を積んだ僧・夢窓疎石《むそうそせき》もあの巨岩を眺めたに違いない。このお坊さんについても触れておく。時の天皇から与えられる師の尊称を「国師」というが、夢窓疎石は七度も授けられた名僧で、麓に恵林寺《えりんじ》を開いた。この名刹《めいさつ》は武田信玄の菩提寺で、山号を「乾徳山」という。これもご縁だから下山後に立ち寄りたい。

鳳岩をよじ登れば山頂。さあ、あとひと息！

ちょうど五丈岩が見えるアングル

断崖絶壁の山頂だが、居心地はとてもいい

広い境内に見どころは多いが、なかでも「三門《さんもん》」は必見だ。戦国の世、甲斐の名門・武田家を滅ぼした織田軍がこの寺に火を放った際、時の住職・快川紹喜《かいせんしょうき》は燃える三門の上で、「安禅必ずしも山水を須《もち》いず、心頭を滅却すれば火も自ら涼し」と唱え、焼死する。この有名なエピソードの言葉が三門に掲げられている。

信玄公にも挨拶しよう。墓前に通じる「うぐいす廊下」が賑やかに鳴いて迎えてくれる。

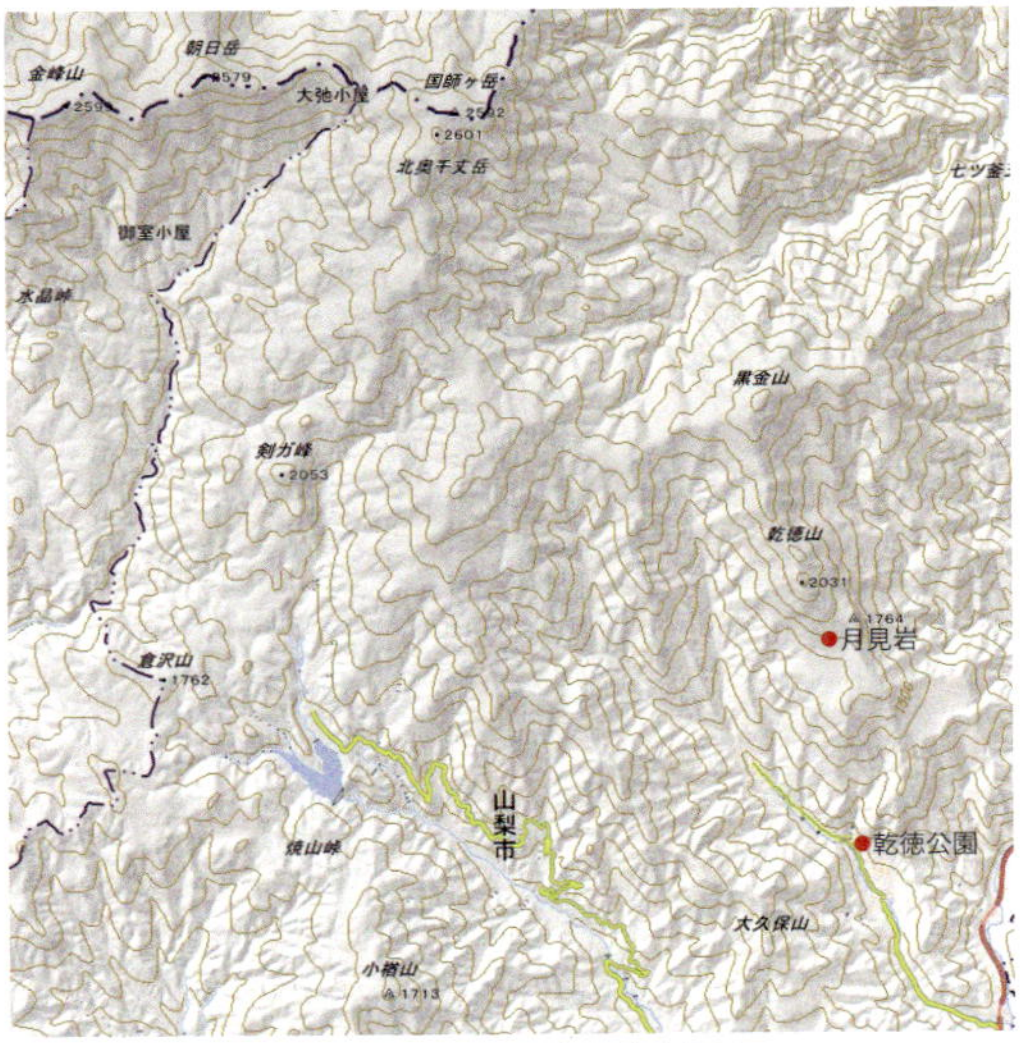

乾徳公園からスタート。月見岩で各方面からのコースと合流する。北西に金峰山

▲コースガイド
アクセス：塩山駅（JR 中央本線）よりバス「乾徳公園」下車
駐車場：乾徳公園
山行時間：約 6 時間

乾徳山恵林寺の三門に掲げられた名文句

大《だい》菩《ぼ》薩《さつ》嶺《れい》

2057m

初挑戦する2000m級の山として、大菩薩嶺ほどふさわしい山はない。樹林帯と岩道を乗りきった苦労を忘れてしまうほどの感動が、天空の尾根道に待っている。絶佳へと導くこの高嶺をひとたび知れば、恋に落ちたように四季を通じて何度も会いたくなるだろう。

大菩薩峠に乗っかっているのは「介山荘」。長編時代小説『大菩薩峠』を記した中里介山に由来する

大菩薩峠から大菩薩嶺に至る稜線のせり上がりを望む

山頂からの展望はないけれど、大菩薩嶺は人気の高い山だ。その理由は、山頂と大菩薩峠を結ぶ稜線を歩いてみればわかる。草原のような山肌には背丈のある木々がほどよく点在するだけで、濃淡多彩なグリーンが真っ青な空にアクセントとなって映える。

麓の甲斐大和から山中にかけては宿泊施設が多く、初めての山小屋体験にもよい。登山のエッセンスをすべて併せもつ名山だ。

とにかく、春夏秋冬いつ訪れても、絶景を眺めながら歩く喜びに満たされる。それが百名山・大菩薩嶺の実力だ。

天空ハイクの愉しみ

JR甲斐大和駅から上日川峠まではバスが通り、「ロッヂ長兵衛」の前には駐車場もある。ここから登るのが一般的で、最初は樹林帯歩きから始まる。「福ちゃん荘」から先は二択だが、ここは唐松尾根を選択しよう。急な岩道を1時間、ここで高度を稼いでおけば、帰り道でいろんなご褒美《ほうび》が期待できるからだ。振り返りながら登れば、みごとな展望に励まされて雷岩《かみなりいわ》までがんばれる。

唐松尾根のゴール「雷岩」から10分ほど、まずは大菩薩嶺の頂を踏みに行く。雷岩にザックをデポしていく人も多い。展望のない樹林に囲まれた山頂で、そのまま北へ下れば「丸川荘」へと至る。引き返して雷岩に戻ると、ここから大菩薩峠までは富士山と南アルプスがずっと付き添ってくれる爽快な山稜だ。

波打つ稜線は第一級の山岳景観。
南方に富士山、青い大菩薩湖

ときおり姿を見せる八ヶ岳に金峰山、そして青い大菩薩湖が、この山ならではの見晴らしを披露してくれる。

妙見ノ頭を横目に鞍部《あんぶ》に下りてくる途中に、かつての大菩薩峠（旧青梅街道）がある。甲斐国と武蔵国とを結ぶ大きな役割を果たした古道だが、地元の「甲州大菩薩ネルチャークラブ」によって整備され、復活した。これにより、富士見山荘（休業中）に分岐する道が歩きやすくなった。鞍部の中央には、祈りの歴史を感じさせる大きなケルンと避難小屋（大菩薩峠休憩舎）がある。ここを賽ノ河原《さいのかわら》と呼び、美しい景観を見せている。

賽ノ河原からふたたび稜線に乗っ越すと、「親不知ノ頭《おやしらずのあたま》」が現れる。ここから先は東京方面の見通しが抜群だ。三頭山、御前山、大岳山の「奥多摩三山」が絶妙な配置で並び、奥多摩湖も小さく見える。

武士の御先祖が越えた峠の道

ところで、大菩薩嶺という特徴的な名にはいくつかの由来がある。平安の世、東北で戦う兄を助けるべく山道を進軍した弟が、この山を通ったおり、軍神の加護を覚えて「おお、八幡大菩薩！」と叫んだという。これは昔の地誌『甲斐国志』にあるエピソードで、これが山名由来の一つだ。この弟は新羅三郎《しんらさぶろう》と呼ばれた源義光のことで、後の甲斐源氏の始祖であり、武田信玄の祖先にあたる。

賽ノ河原。左の稜線を辿ると山頂へ至る

南アルプス連峰をこれほど長く
見渡せる山もない。街並は塩山

ちなみに兄とは八幡太郎《はちまんたろう》こと、源義家。源頼朝（鎌倉）、足利尊氏（室町）、新田氏の流れを汲む徳川家康（江戸）まで……武家政権のすべての創始者たちの祖先である。

ところで、甲斐の国を治めた武田家は二度滅んでいる。室町幕府によって自害に追い込まれた第13代・武田信満の後、紆余曲折を経てお家復活となり、第19代・信玄の時代に隆盛を極める。その跡を継いだ勝頼が、岩殿山への入城を拒まれた件は前述したが、最終的に勝頼も信満と同じ自害地をめざす。それこそが大菩薩嶺の南麓にある天目山《てんもくざん》という地だった。つまり、この大菩薩嶺は甲斐武田家の栄枯盛衰を知る戦国ロマンが染み込んだ山なのだ。

甲州アルプスと秀麗富嶽十二景

最近、甲州市はこの大菩薩嶺からほぼ真南の黒岳〜滝子山にかけての連なりを「甲州アルプス」と呼ぶようになった。稜線のほとんどを分けあう大月市は、「秀麗富嶽十二景」を定めている。山頂から望む富士を讃える大月市内の名山に与えられた称号だ。

長く美しい稜線、広く見渡す展望、深く刻まれた歴史。加えて山小屋も多いのだから、初心者ならずとも多くのハイカーを虜《とりこ》にする。春夏秋冬、いつ歩いてもその都度の喜びに浸れる名山・大菩薩嶺の魅力を何度も味わってほしい。

奥秩父の盟主・金峰山と左奥に八ヶ岳の主峰・赤岳

冬の澄んだ空気は、南アルプスを鮮やかに浮き立たせる。
左に大菩薩湖が見える

冬場は厳しい積雪に見舞われるが、トレースがつくのも早い。それだけ多くの登山者が訪れるということだ

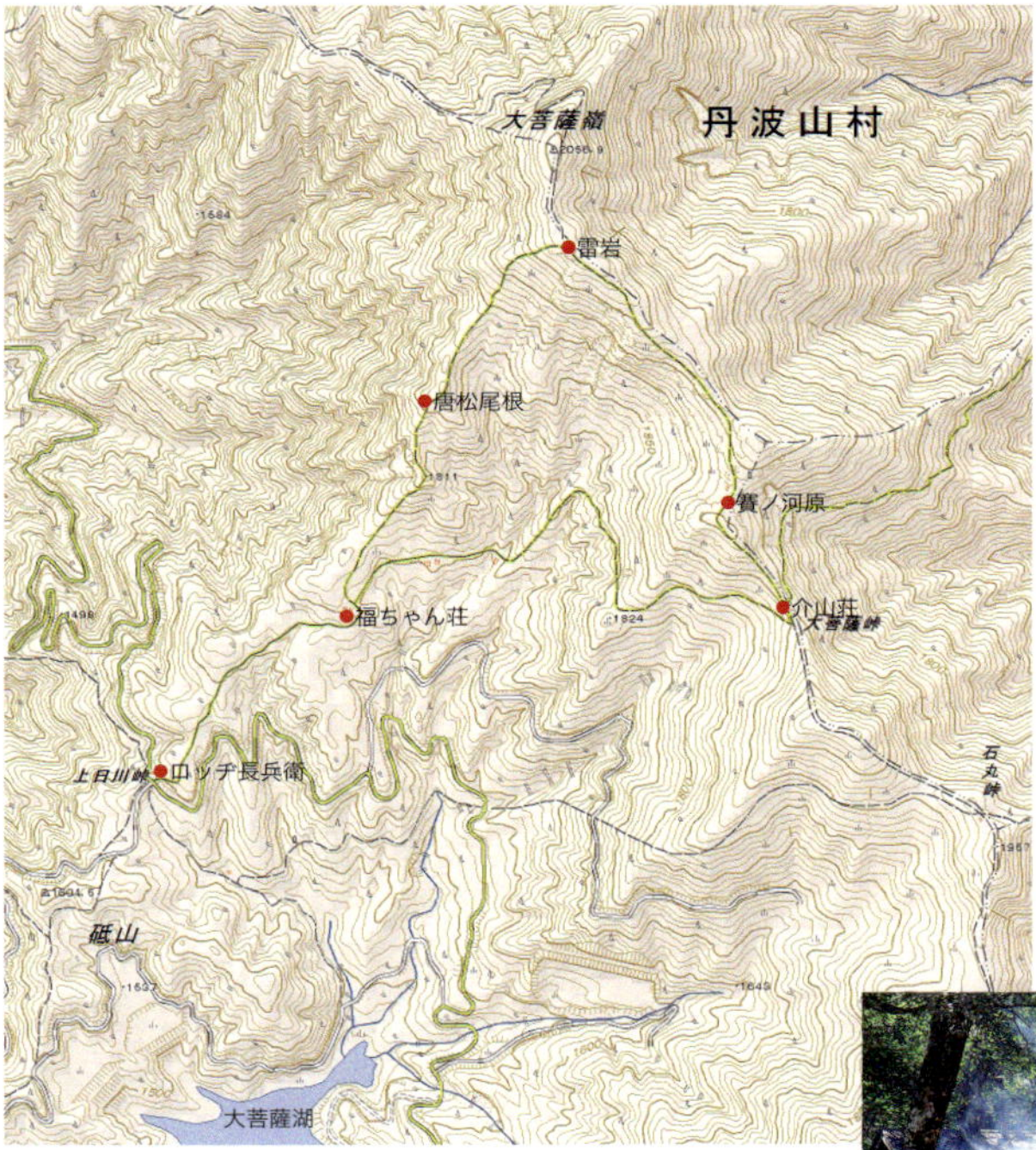

上日川峠からスタートし、唐松尾根から山頂へ。雷岩から賽ノ河原、大菩薩峠を経て下山する

山小屋「福ちゃん荘」などが宿泊をサポート

▲コースガイド

アクセス：甲斐大和駅（JR 中央本線）より
バス「上日川峠」下車
駐車場：上日川峠
山行時間：約３時間半

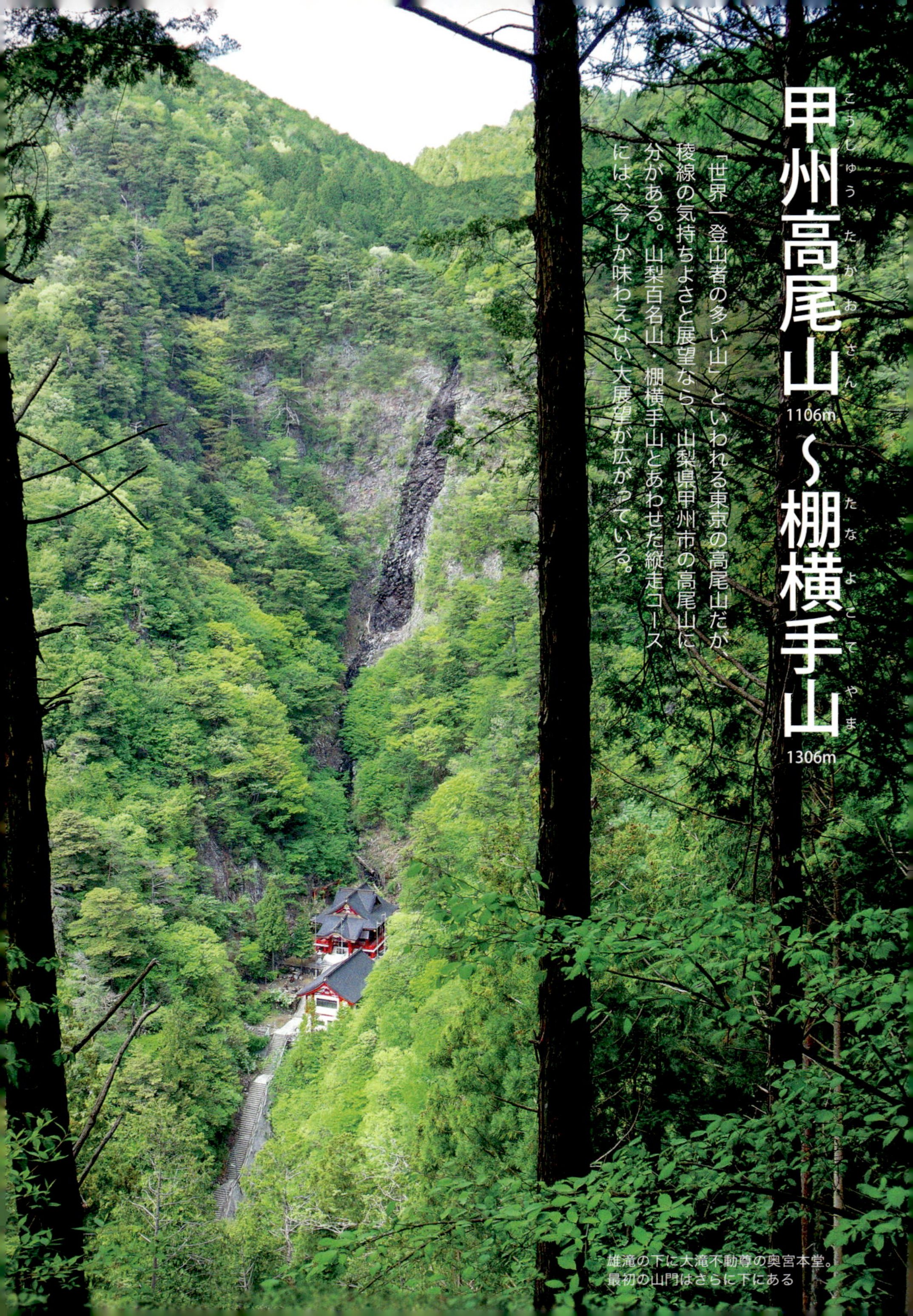

甲州高尾山《こうしゅうたかおさん》 1106m ～棚横手山《たなよこてやま》 1306m

「世界一登山者の多い山」といわれる東京の高尾山だが、稜線の気持ちよさと展望なら、山梨県甲州市の高尾山に分がある。山梨百名山・棚横手山とあわせた縦走コースには、今しか味わえない大展望が広がっている。

雄滝の下に大滝不動尊の奥宮本堂。最初の山門はさらに下にある

山奥に突如現れる大滝不動尊の山門。階段をひと登りして奥宮本堂へ。登山口はその脇に

登山口のある大滝不動尊の奥宮には、雄滝と雌滝をはじめいくつかの滝がある。水の通り道ということは、風も通る。北側斜面の陽の当たらない登山道でも気持ちよく歩けるのは、そのせいだろう。

大滝不動尊は８８０年の創建と古く、麓には前宮がある。雄滝と雌滝の周囲には滝とともにお堂が点在し、山岳信仰の名残りを感じさせる。滝を落として水が集まる場所だからか、雨乞いの霊場でもあったそうだ。

お参りは下山後のお楽しみにとっておき、まずは山歩きといこう。奥宮本堂の脇に架かる赤い鉄橋から登りはじめる。

最初の分岐から、ちょっと立ち寄りたい場所がある。甲斐御嶽山と称される展望台だ。賽銭箱には木曽の御嶽神社の神紋と祠がある。ここからの見晴らしがすでによいから、山頂と稜線の展望には期待していい。

甲斐御嶽山・展望台はこの地域の修験の中心地だった

尾根道に乗っ越したとたん目に入る富士。
左の山頂の鉄塔は三つ峠山

稜線からの眺めが最高

展望台を後にして、分岐を甲州高尾山方面へ進む。樹林の道に入ってしばらくすると、T字路のような尾根道に乗り越す。この乗《の》っ越《こ》しに出ると、目の前に富士！ ふいに現れるものだから、ここでハイカーたちの思わぬ歓声が上がるのをよく耳にする。

ここからは富士山に見守られながら歩く明るい稜線が延びている。ずっと歩いていたい……そんな思いを抱く低山の尾根道はそうはないだろう。

まずは乗っ越しの分岐を右へ行こう。甲州高尾山までは20分ほどだが、景色のよさに時間など忘れてしまいそうになる。1106mの頂からは、足元に中央自動車道が見下ろせる。このアングルから甲府盆地を突き抜ける中央道を眺められるのは、この山ならではの特典ではなかろうか。南アルプスや奥秩父山塊の名峰も見渡せる。

棚横手山に行くには、来た道をいったん戻ることになる。さきほどの乗っ越しの分岐を通り過ぎ、ふたたび長く延びる見晴らしのよい尾根道を登ると、「富士見台」に辿り着く。ここはお昼にちょうどいいが、遮るものが何もないので天候には注意したい。

甲州高尾山から眺める石和・甲府方面。その
先には南アルプス、麓には中央自動車道

棚横手山へと続く気持ちよすぎる稜線歩き(上)。一本だけ残された木陰でひと休み(下)

「富士見台」でお昼休憩。富士を見ながら、おにぎりを頬張りながら……
腹ごしらえしたら、別名「大富士見台」と呼ばれる棚横手山の山頂へ

富士見台から30分ほどで、棚横手山に至る。山梨百名山でもあるこの山の頂を、別名「大富士見台」という。お昼休憩した富士見台からちょっと標高が上がったぶん、富士山とその手前に重なる山々の眺望はいっそう広く深くなる。

下山のお楽しみは霊場巡り

棚横手山から大滝不動尊までの下山道はおよそ1時間だ。途中、富士見台分岐から右手にそれるとショートカットできる。崩落した土砂が残っている箇所もあるが、道はわかりやすく歩きやすい。

下山後にとっておいたお楽しみ。大滝不動尊とその周辺を巡るために、ちょっと立ち寄りたい。とくに、鳥居の先にある断崖絶壁のお堂「文殊堂」は見ごたえがある。上から岩を叩くように水が滴《したた》り落ちる。その雫《しずく》のリズムが、眼下の大滝不動尊の赤い奥宮と周囲の緑を梳《と》かしているようで心地よい。紅葉の時には鮮烈な彩りに染まるが、新緑の山の息吹を体感できるシーズンもお薦めだ。

なお、この山では過去に何度か山火事があった。そのためか、焼けた南側の斜面は樹木がなく、展望がよい。木々は再生されつつあるので、いずれ緑に覆われた元の姿を取り戻すはずだ。その意味では、今しか見られない展望ともいえるだろう。

ちなみに、たかおと読む山は全国にいくつかあるが、共通するのは山岳信仰。それを読み解く愉しみもある山なのである。

大滝不動尊から山に入ってすぐ“投げ入れ堂”のような文殊堂がある。奥には水が滴り落ちる絶壁

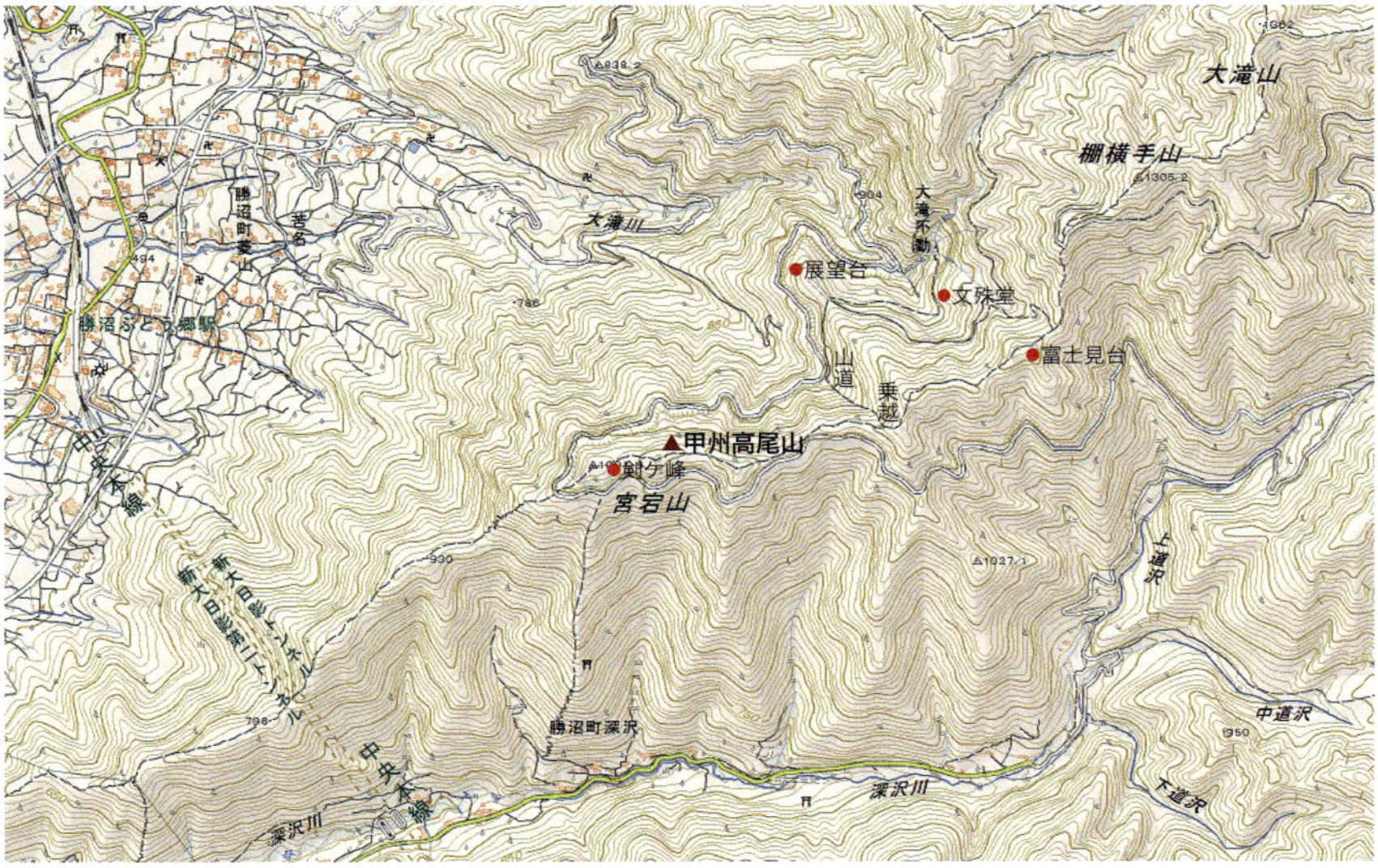

大滝不動尊から尾根に出ると、富士山が頭を出す稜線歩き。甲州高尾山山頂の西には剣ヶ峰がある

▲コースガイド――――――――――――
アクセス：勝沼ぶどう郷駅（JR 中央本線）、勝沼 IC（中央自動車道）
駐車場：大滝不動尊（3～4台程度）
山行時間：約3時間

石割山《いしわりやま》 1413m ～ 大平山《おおひらやま》 1296m

神話に登場する「天岩戸《あまのいわと》」伝説の舞台は日本各地にあるが、関東ならここだろう。スパッと割れた巨石が御神体として祀られ、なるほどこの岩に天照大神が隠れたのかと想像が楽しい。

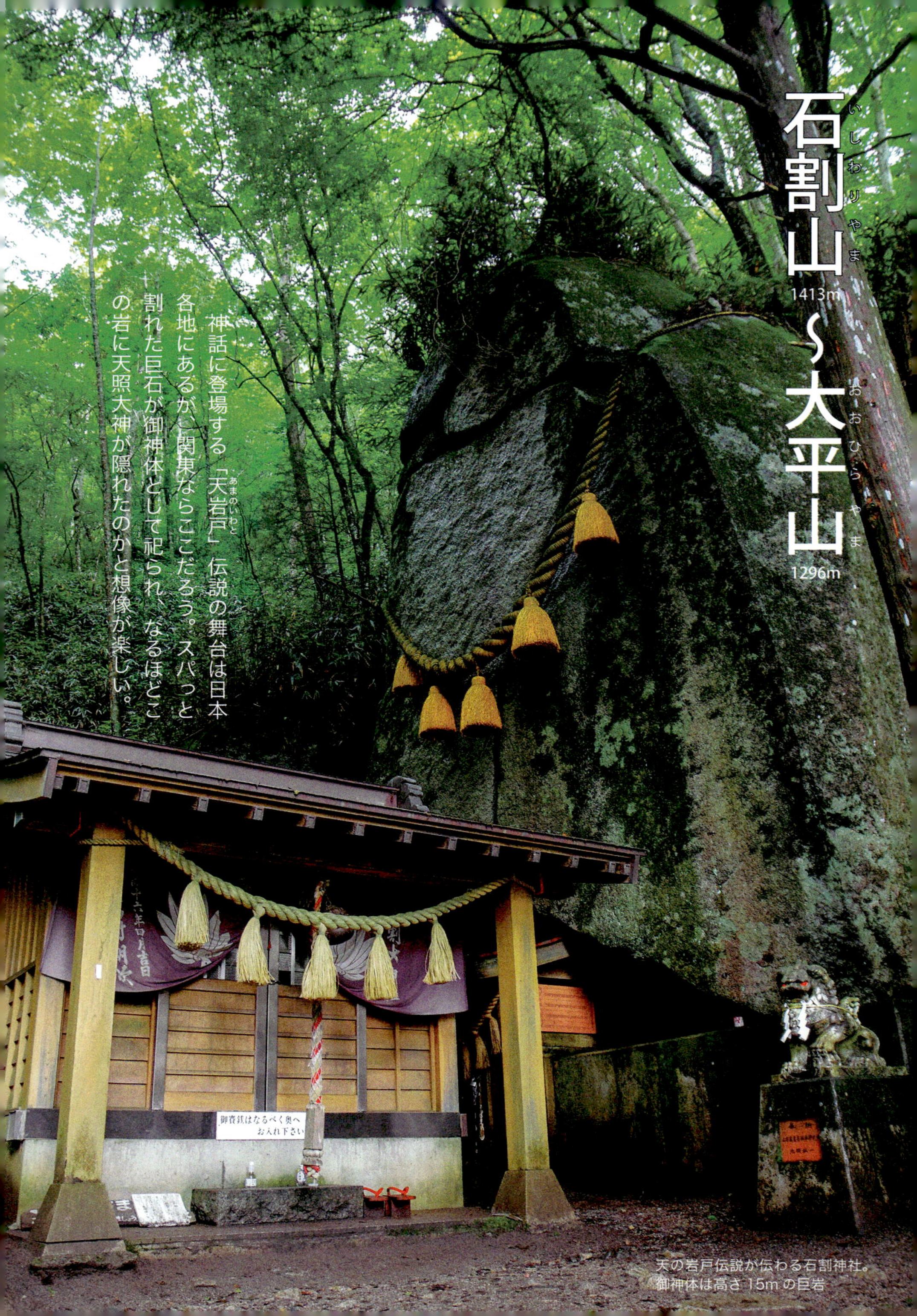

天の岩戸伝説が伝わる石割神社。
御神体は高さ 15m の巨岩

富士五湖でもっとも標高の高い山中湖の周辺には、歩きやすい低山が多く、いずれも山頂から巨大な富士が眼前に望める。

石割山は標高1413mと低山とは言い難いが、山中湖の湖面が標高982mだから、高度差431mは初心者でも挑戦できる。鬱蒼《うっそう》とした木々で陽光を遮られた石割神社を経て太陽の元へ出る行程は、まさに「天《あま》の岩戸《いわと》」のストーリーそのものだ。

相模川の源流と巨石の神社

登山口は石割神社の赤い鳥居だ。いきなり急な石の階段で始まる。まるで天まで続くのではないかと思うほどだ。いささか怖気《おじけ》づきながら長い長い石段を登り切ると、そこには避難小屋の東屋《あずまや》がある。ここで息を整えて、山道に入ろう。

実はこの時点でかなり高度を稼いでいる。山頂まではまだあるが、疲れをためないように、ゆっくり小さな足取りで進んで行こう。

やがて1300m地点に桂《かつら》の巨木が現れる。その背後に「御釜《おかま》石」があり、湧き出す水が山中湖に注ぎ、相模川の源流の一つとなる。上流を桂川と呼ぶ由来である。山中湖は富士五湖のなかで唯一、自然の流出河川を持つ湖。ここから忍野八海《おしのはっかい》を経て富士山麓の水と合流し、相模湖と津久井《つくい》湖を経て相模川となり、茅ヶ崎の海に注いでいる。

御釜石の湧水はやがて湘南の海へ

鳥居から始まる急な石段は、なんと403段!

山中湖の南方から大平山〜石割山の稜線。中央のピークが大平山。右へ〜平尾山〜石割山へと連なる

8合目付近に石割神社がある。その御神体は、見るからに自然の力を帯びた巨石で、きれいに真っ二つに割れている。弟・素戔嗚尊《スサノオ》の粗暴なふるまいに業を煮やした姉・天照大神《アマテラスオオミカミ》の岩戸隠れの物語が神話にあるが、その舞台の一つがここだ。太陽神・天照大神が岩戸に隠れて世の中が闇に包まれ、ふたたび太陽を取り戻す件《くだり》はよく知られているが、その逸話が各地に残ることを知っていれば山旅も面白くなる。ちなみに、「天の岩戸」は、天手力男命《アメノタヂカラオ》という怪力の神さまによって投げ飛ばされ、信州にその戸が隠された。これが戸隠《とがくし》である。石割神社の神さまはこの天手力男命であり、戸隠神社の奥社にも同じ神が祀られている。そんな神話を辿って次の山行を練るのも一興だ。

幅60cmの石割れの間を時計回りに3度抜けると運が開けるとか

大平山まで天空の尾根道を下る

石割山の頂は富士山に向けて展望がひらけ、遮《さえぎ》るもののない大景観だ。足元に広がる山中湖、そして尾根は平尾山から大平山を経て西へと続く。

この先は陽光を存分に浴びながら大平山めざして歩く。石割山から標高差100mの下りはかなり急で、ロープが備わってはいるが、慣れない人はトレッキングポールがあるといいだろう。

しばらく爽快な下りと登りをくり返し、さらに富士山に近づく大平山からの眺めは一見の価値がある。ここで山ごはんにしたら、なんと贅沢！

大平山は天空のレストラン

一天にわかにかき曇り、富士が両肩に雲をまとう

▲コースガイド――――――――――
アクセス：平野バス停（富士急行バス）、
山中湖 IC（東富士五湖道路）
駐車場：石割神社登山口
山行時間：約４時間半

ターミナルとなる平野バス停から「朱の鳥居」をめざし、石割山に登ってゆく

明神山《みょうじんやま》

1291m

明神山の頂から富士山と
山中湖の奥に南アルプス

山中湖パノラマ台から30分で絶景の頂へ。晩秋から初冬にかけてはススキが美しく、真っ青な空へ金色の野がのびる。周辺の山への縦走ルートにも恵まれている。

北方には石割山（中央）から
山中湖畔へ延びる山嶺

富士山を取り囲む山々には、低山トラベルにうってつけの名山が多い。気軽なハイキングが楽しめる山に、本格的な登山が味わえる山。それらの共通の楽しみといえば富士見登山だろう。どの山からも大きな富士が浮き上がって見え、足元には富士五湖や樹海が広がり、その壮大なスケールに圧倒される。この明神山から見下ろす山中湖一帯はまるで地図を眺めているかのようで、たとえば山中湖がクジラの形をしていることを確かめたくなる（前ページ地図参照）。

山中湖パノラマ台までは車で行くことができる。湖東の平野《ひらの》から三国峠～明神峠を抜け、御殿場に向かう峠道の途中にある。パノラマ台には7、8台の駐車スペースとトイレがあり、ドライブがてら多くの人がこの絶景を求めてやってくる。とくに夕暮れから夜にかけては絶好のシャッターチャンスで人気のようだが、ハイカーは明るいうちにここから山頂をめざそう。標高１０９０ｍのパノラマ台から２００ｍほど高度を上げた山頂には、さらに大きなスケールの展望が待っている。

もう一つの山名は「鉄砲木ノ頭」

この山は、山梨側では明神山で通っているが、神奈川側では「鉄砲木ノ頭《てっぽうぎのあたま》」とも呼ばれる。なんとも不思議な山名で、その由来には諸説ある。なかでも鉄砲水《てっぽうみず》に由縁があるらしく、本来、

山頂は隣りあう山への縦走ルート上にある。
高指山や三国山に足を延ばすのも楽しい

南アルプスの北岳、間ノ岳……富士山を含め日本の標高トップ３をいっぺんに眺望

鉄砲水ノ頭となるべきだったという話を聞いたことがある。推測だが、鉄砲水の力を利用して運ばれる木と「沢」の関係があったのではなかろうか？

この山から神奈川県側に流れ出る沢は、まさに鉄砲水が発生しやすかったそうで、伐り出した材木を運ぶ出発点となっていたと考えられる。神奈川でこう呼ばれるのは、その地形がもたらした歴史が背景にあるのは間違いなさそうだ。こうした呼称にこめられた思いを読み解くと、「この近辺の沢じゃ、大雨のあとは気を付けたほうがいいよ」ということになる。

山梨県側で明神山と呼ばれるのは、山中諏訪明神との関係だろう。山頂には山中諏訪神社の奥宮があるからだ。

明神山の山頂は、３６０度の大展望。周囲の山との縦走が楽しい山で、ここから高指山（１１７４ｍ）や三国山（１３２０ｍ）に足をのばすことも可能だ。

さえぎる物のなに一つない広い山頂だから、まばゆい太陽を浴びてずっと暖かい光の中にいるかのような気分になる。

おすすめは、午後から西に陽が傾くころ。富士山の向こうに落ちゆく夕陽に別れを告げて、麓の町に点《とも》りはじめた灯を眺めながら下山したい。そんな時のために、ヘッドライトは常に持っておこう。ハイカーのたしなみであり、お守りのようなものだから。

山中湖を挟んで対岸にある山中諏訪神社。初夏なら滑空するムササビに出会えるかもしれない

山中諏訪神社奥宮。広く見通しのよい山頂の真ん中に立つ

西日に照らされるススキは晩秋の山肌を黄金色に染める

パノラマ台に車を停めて、明神山をめざす。山頂まではラクラク登山

▲コースガイド
アクセス：山中湖 IC（東富士五湖道路）
駐車場：パノラマ台（5～6 台）
山行時間：約 1 時間

竜《りゅう》ケ岳《だけ》

1485m

ダイヤモンド富士をお目当てに、元日の「初日の出」を待ちわびる人で溢れかえる。例年この時期は雪で凍結しているが、ちょっと時期をはずせば、神々しい絶景を独占できる。ぼくとしては、ここから眺める富士山が一番のお気に入りだ。

山を覆う笹が新雪で押しつぶされた 12 月の竜ヶ岳。
軽アイゼンを装着してサクサク歩く

高度を上げると、本栖湖の北方に八ヶ岳連峰（左）、
正面には金峰山（2599m）が見えてくる

本栖湖は富士五湖の西端に位置する最も深い湖だ。千円札の裏側に描かれている逆さ富士は、この湖の西側からの眺めがモデルとなっている。お札に描かれた富士山の右側にせり出すように描かれた山が、竜ヶ岳の裾野だ（左に描かれているは大室山《おおむろやま》）。

その裾野に取りつくべく、「本栖湖キャンプ場」から登り始める。ゲートを越えて登山道に入るとジグザグ道が続くが、いったん平坦になって下り、ふたたび登る。ときおり見える富士の姿はここからでも迫力満点。山頂からの眺めに期待をふくらませながら歩を進めると、足元には深い青を湛《たた》えた本栖湖が見えてくる。高度を上げていくにつれ、竜ヶ岳の山頂に延びるジグザグ道が笹の中に浮かびあがってくる。

雪の白と、笹の緑、そして空の青

山頂まで待ちきれず、ちょっと登っては振り返り、何度も富士を仰ぎ見る。手前のこんもりした大室山が徐々に明らかになり、同時に麓の樹林帯がぐんぐんと広がっていく。これが青木ヶ原だ。こんなふうに青木ヶ原を上から、それも間近に眺めることなんてないだろう。

本栖湖キャンプ場から竜ヶ岳の山頂までは約2時間半。その中間あたりに東屋《あずまや》があり、休憩にちょうどいい。石仏にご挨拶をして竜ヶ岳を見上げると、天に向かってうねる道のりが、山頂へおいでと誘っている。

本栖湖キャンプ場を抜けて登山口へ

ちょっと登って眺めた富士山。
左手前には大室山（1468m）

山頂から富士山西面の全貌を

竜ヶ岳の山頂は広い。元日には大勢の人がここに集まる。目的は「ダイヤモンド富士」だ。ちょうど年末年始の頃に、朝日が富士山山頂のど真ん中から昇ってくる。年明けを好きな山で迎えるというのはとてもオツだが、静かに富士山を味わいたいなら、ちょっと時期を外すのがいいだろう。ここに載せた写真はクリスマスのものだから、登山客には２〜３組しか会わず、静かな山旅を楽しめた。

午後の傾きはじめた陽射しが富士山の西側を照らすと、大沢崩《おおさわくず》れがその輪郭をくっきりと現わす。ぐるりと目を転じれば、北東に甲府盆地との境になる御坂《みさか》山地、北には金峰山や八ヶ岳、そして北西には鳳凰山《ほうおうざん》と南アルプスの高峰が見渡せる。

東屋と石仏がちょうど中間あたり。
ジグザグの登りを越えて山頂へ

雪に埋もれた山頂の碑。木々の傾きから
風の強い場所であることがわかる

左にこんもり大室山、眼下に広がる青木ヶ原。
富士の右肩には大沢崩れも見える

竜ヶ岳の南側には天子《てんし》山地が連なり、その先は静岡県だ。そんな大展望の主役である富士の山が、手の届きそうな眼前に大迫力で聳えている。なんと贅沢な時間だろう。

いつまでも眺めていたい気持ちをおさえ、傾いた西日に照らされる大沢崩れと青木ヶ原の陰影を目に焼き付けながら、下山する。

そういえば、竜ヶ岳という山名の由来に触れていなかった。その昔、富士山の噴火で流れ出した溶岩に熱された本栖湖から、熱さに耐えられなくなった竜が逃げ出し、この山に舞い降りた。

はたまた、富士山の噴火を予知した竜がこの山に昇って告知し、難を逃れた人々から感謝され、信仰されたとか……。

どちらも富士の噴火と本栖湖の竜にちなんでいる。さらに、竜ヶ岳の名がつく前の時代には、「小富士」と呼ばれていたということを思いあわせると、竜ヶ岳と富士山の関わりはなかなかに興味深いものとなる。

竜ヶ岳の南に連なる天子山地。富士山の西に位置し、山梨県南部と静岡県北部にまたがる

北西を眺めると、左に南アルプスの白峰三山、右に鳳凰三山

落日を迎えた神秘の湖。ここから竜が舞い昇った

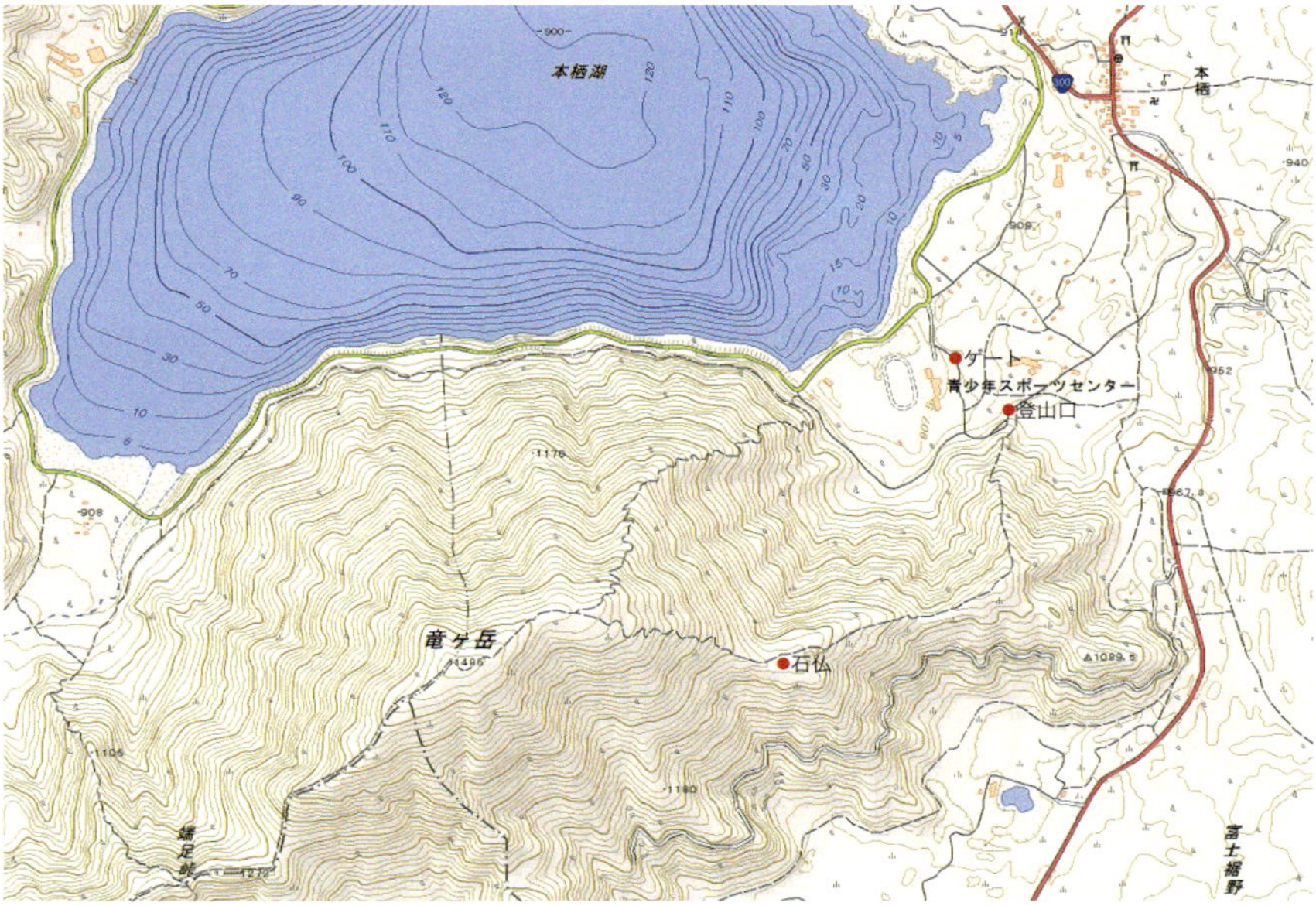

▲コースガイド

アクセス:河口湖IC(中央自動車道・富士吉田線)

駐車場:本栖湖キャンプ場

山行時間:約4時間

本栖湖キャンプ場に駐車場あり。ゲートを越えて山道に入り、石仏(東屋)を経て絶景の山頂へ

深草《ふかくさ》観音《かんのん》〜要害山《ようがいさん》

780m

巨石が好きという人は意外と多い。自然崇拝や山岳信仰といった山の精霊に対する畏怖は、ときに巨大な岩に託される。その象徴が、磐座《いわくら》と呼ばれるものだ。信玄ゆかりの深山に、巨石に宿る歴史の息吹を訪ねる。

梯子の先の岩穴に祀られる観音様へ

甲府の北方には〝宝物〟が多い。御岳昇仙峡《おんたけしょうせんきょう》はむき出しの白い岩山と紅葉で知られ、その奥には御神木「鬱金《うこん》の櫻」にちなんだ金桜《かなざくら》神社があり、さらに奥宮として五丈岩を頂く金峰山《きんぷさん》（2599m・日本百名山）が北方に座している。そして〝四神相応《しじんそうおう》〟の町づくりにならい、甲府の町の北面を護《まも》るのが要害山《ようがいさん》だ。深草観音に詣《もう》でるなら、この山を見過ごすわけにはいかない。

武田信玄ゆかりの積翠寺《せきすいじ》から山中へ

現在の武田神社は、躑躅ヶ崎館《つつじがさきやかた》というかつての武田家居館だった。この北東に要害山がある。頂には武田信玄の父・武田信虎が山城を築いた。麓の積翠寺は信玄生誕の地と伝わり、産湯をくんだ井戸が残る。上杉謙信と戦った川中島の合戦後、負傷した兵を治癒したという「信玄の隠し湯」の一つとしても知られる地だ。

上積翠寺町を歩くうち、瑞岩寺《ずいがんじ》に出会う。深草観音は、この寺の奥の院にあたる。よき山旅となるよう手を合わせ、日吉神社の先へ進むと、やがて案内板や道標が現れる。橋を渡って、しばらくは市営林道を歩く。

沢伝いに高度を上げていくにつれ空気が締まる。ひんやりした山深い細道は湿気が多く、びっしり苔に覆われた岩がそこかしこに転がっている。苔マニアなら泣いて喜びそうな風情だが、さらなる圧倒的な景観がその後に控えている。

苔生す山道は長く積み重ねられた緑が鮮やか

深草観音の手前にこんな巨石！

まず現れる〝一つ目〟の巨石は、なんと圧巻の大きさだろう。下から仰ぎ見ると、今にも転がり落ちてきそうでヒヤヒヤするが、岩のそばに寄って撫でたくなるのは岩好きの性か。凹みに置かれた石仏から、この岩に神性を見出した昔の人の祈りが伝わってくる。人工物ではあるけれど、大岩の懐に抱かれて、この場を借りていることの感謝の念が窺える。日本人の自然と共生したいという強い情念にため息が出る思いだ。

この奥に〝二つ目〟の真打、深草観音が待っている。

17ｍの鉄の梯子を登って観音詣で

深草観音は、奈良時代に全国行脚して民間布教に専念した行基《ぎょうき》が開いたという伝説がある。前述した瑞岩寺が前宮、こちらが奥の院となるが、元はこちらが信仰の始まりだったろう。あまりに山深く、ここまで参拝にこられない人のために前宮が建立されたと思われる。

階段の先は窟《いわや》となり、中には観音堂がある。毎年4月17日に行われる祭りでは百人を超える参拝者が集まるそうだ。なるほど、窟という字には「人が集まる場所」の意味もあるから、山中にもかかわらず多くの人が集まる場の力が感じられる。

それにしても、この鉄の梯子を見上げて尻込みする人もいるだろう。高所恐怖症なら無理をせず、右側を巻いて登れるのでご安心を。

さすがに高い！　一瞬ひるむが、
登り始めると楽しい気分に

17mの鉄梯子を登れば窟の入口が見えてくる

窟の中は大人が４～５人座れる広さ。観音様に無事に登れたことに感謝して、岩壁に穿たれた階段を抜けて要害山へ

山上の城「要害山」を見物して下りる

窟《いわや》に潜り込んで、深草観音にお詣《まい》りしたら、ぜひ要害山を経由して下山しよう。この山は７８０ｍのお椀型の低山をまるごと詰城《つめのしろ》（本丸／出城に対する根城）とした、まさに武田家にとって要害の砦。今なお城の遺構が残されており、戦国の世の夢を偲《しの》ばせる。山頂の展望はないけれど、広いので休憩によい。

山頂には『武田信玄公誕生之地』なる碑が立っている。その書は日露戦争でバルチック艦隊を破った海軍大将・東郷平八郎が揮毫《きごう》したものだが、戦国時代の常勝大名に対し、思うところがあったのだろう。

要害山から下りて、積翠寺の温泉でひと風呂浴びるもよし。そういえば、積翠寺の「翠」は「緑」と同義だ。深草観音の巨石に長年積み重なった苔の緑が積翠の由来……とするのは深読みだろうか。もとは「石水寺」だったそうだが。

東郷平八郎による揮毫の碑

そこかしこに座る優しい石仏が、深山まで祈りに訪れる人々を温かく迎える

深草観音から要害山をめざす。しだいに陽光が射し込む明るい山道となる

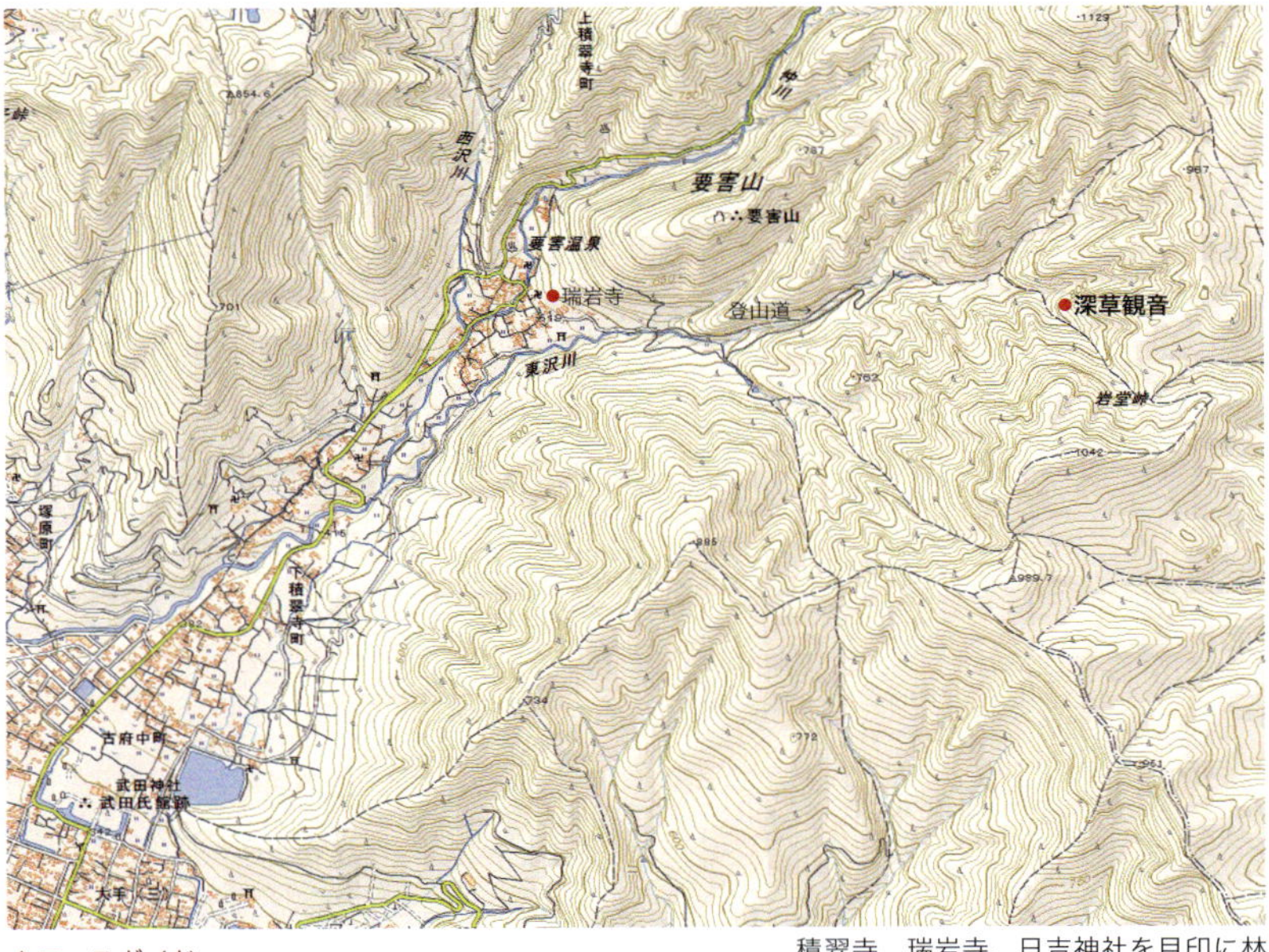

▲コースガイド

アクセス：甲府駅（JR 中央本線）よりバス「積翠寺」下車
駐車場：なし
山行時間：約 3 時間

積翠寺、瑞岩寺、日吉神社を目印に林道から山へ入る。深草観音は岩堂峠の北西の方角にある

四《し》尾《び》連《れ》湖《こ》～蛾《ひる》ヶ《が》岳《たけ》
1279m

標高 850 m、周囲 1.2km、最深 13 mの自然湖

四つの尾をもつ龍が棲むといわれる小さな山上湖がある。注ぎ入る川もなければ、流れ出る川もない内陸湖だから、湖面はいつだって鏡のよう。山中に身を潜めるこの四尾連湖から、それを見下ろす蛾ヶ岳へと登り始める。絶景のキャンプ&ハイクが楽しめるのは、八ヶ岳やアルプスだけではない。

揺れない湖面が境目のわからない景観を映し出す

とにかくきれいで、とても静か。公共交通が届かない山深い地だから、手つかずの自然が残されている。こんな湖があるんだ……と、訪れるたびに息を飲む。楕円形をしたエメラルド色の神秘的な湖面を見つめていると、スッと吸い込まれそうになる。その畔《ほとり》をなぞるように歩けば、周囲を取り囲む木々の緑と空の青がそっくり湖面に映し出され、大きな鏡の中に入ったような錯覚にとらわれる。

富士五湖ならぬ〝富士八海〟

江戸時代、富士山とその神霊とを信仰する「富士講《ふじこう》」がにわかに盛り上がる。江戸後期には「江戸八百八講、講中八万人」といわれるほど隆盛をきわめ、暮らしのなかに富士がさまざまな形で取り込まれた。

八大龍王を祀る雨乞いの霊場を富士八海といい、山中湖、河口湖、西湖、精進湖、本栖湖の富士五湖に加え、明見湖《あすみのうみ》、泉水湖《せんづのうみ》（ともに富士吉田市）とこの四尾連湖が巡礼の八海とされた。静寂の森の中にあって、ときおり見せる厳かな表情は、そんな信仰の歴史が沈殿した場の力によるものだろう。

ちなみに、これらの富士八海は〝内八海〟と呼ばれ、遠方には〝外八海〟もあった。日光の中禅寺湖、榛名湖、霞ヶ浦、芦ノ湖、諏訪湖、桜ヶ池（御前崎市）、二見浦《ふたみがうら》（伊勢市）、琵琶湖がそれである。

湖畔の碑に供えられた修験道の木札が霊場であることを物語る

湖畔には水明荘《すいめいそう》などの山荘があり、対岸のテント場までは運搬用の手押しカートで自ら運ぶのだが、これがまたいい。山遊びを愉しむなら、ぜひ自分で設えたい。テントやタープ、テーブル&チェアなどをカートに入れて運搬すること二往復。しんと静まり返った山中で月に輝く湖面を眺め、ビールを飲みながらテントを設営し、火を起こす。

ここは指定された場所なら直火《じかび》の焚き火ができる。火の高温で土中の微生物が死滅すると、土壌は再生できなくなる。そのため直火を禁止するキャンプ場も多く、焚火台などを利用することになるが、やはり直火が気分だろう。

山の夜の帳《とばり》は早いが、翌日の蛾ヶ岳ハイクに思いを馳せる時間はたっぷりある。火を見つめながら、星明かりの湖面を楽しもう。

荷物をデポして蛾ヶ岳へ

「ひるがたけ」とは……甲斐武田家の居城がある甲府から眺めた正午の太陽が、ちょうどこの山の真上に昇ることから、そう呼ばれた。すなわち「昼ヶ岳」なのだが、なぜ「蛾《が》」の字を当てて「ひる」と読むのか謎である。「蛭《ひる》ヶ岳」なら、50キロ東方に聳える丹沢山塊の最高峰だが、何か因縁でもあるのか、面白い名を付けたものである。

テントに荷物を置いて登山することを「デポ」という。往復3時間ほどの登山だから、下山後にデポした荷物とテントを片付けることにして、早朝は山歩きを楽しみたい。

夏の四尾連湖はグリーンが鮮やか。キャンプ、登山以外に、ボートや釣りも楽しめる

秋深まれば湖面も紅葉に染まる

四尾連湖の入口には駐車場がある。登山のみで訪れた場合は、ここに有料で駐車できる。すぐそばの登山口から入ると、さっそく急な登りとつづら折りの山道となるが、大畠山の分岐に出たら右へ。痩せ尾根と樹林帯を歩くと、西肩峠だ。ここから心臓破りの急登となるが、15分ほどで蛾ヶ岳山頂に至る。

頂に残る小さな石の祠が、古《いにしえ》の信仰を思わせる。ご挨拶をして、山頂からの景観を楽しもう。西方には南アルプスの北岳、間《あい》ノ岳の日本第二位と第三位の高峰が頭を出している。その手前は櫛形《くしかた》山の連なりで、北へと延びる鳳凰山《ほうおおざん》は地蔵ヶ岳の尖塔が印象的だ。

甲府盆地の向こうには八ヶ岳。目を麓に落とすと、山上に隠された宝石のごとき四尾連湖が蒼《あお》い水を湛えている。一方、南東には富士山、その麓には精進湖と本栖湖がある。ということは、富士の右に横たわるのは、正月のダイヤモンド富士で賑わう竜ヶ岳。あちらは龍の伝承が残る山だ。

名だたる高峰を、一座ずつ指差しながら楽しい時が過ぎてゆく。そういえば、湖畔にはデポしたままだ。朝から登れば、山頂に長く留《とど》まることはあるまいが、片付ける時間も考えておきたい。

山頂の祠。四方に根を伸ばすのはご神木か

左に櫛形山、南アルプス・鳳凰山、中央に八ヶ岳が霞み、右に御岳昇仙峡。釜無川の流れも見える

蛾ヶ岳の山頂からの雲間に浮く富士山を。右のこんもりした山が竜ヶ岳

蛾ヶ岳の登山口に立つ道標

▲コースガイド

アクセス：車（公共交通の便なし）

駐車場：四尾連湖の入口にあり

山行時間：約３時間

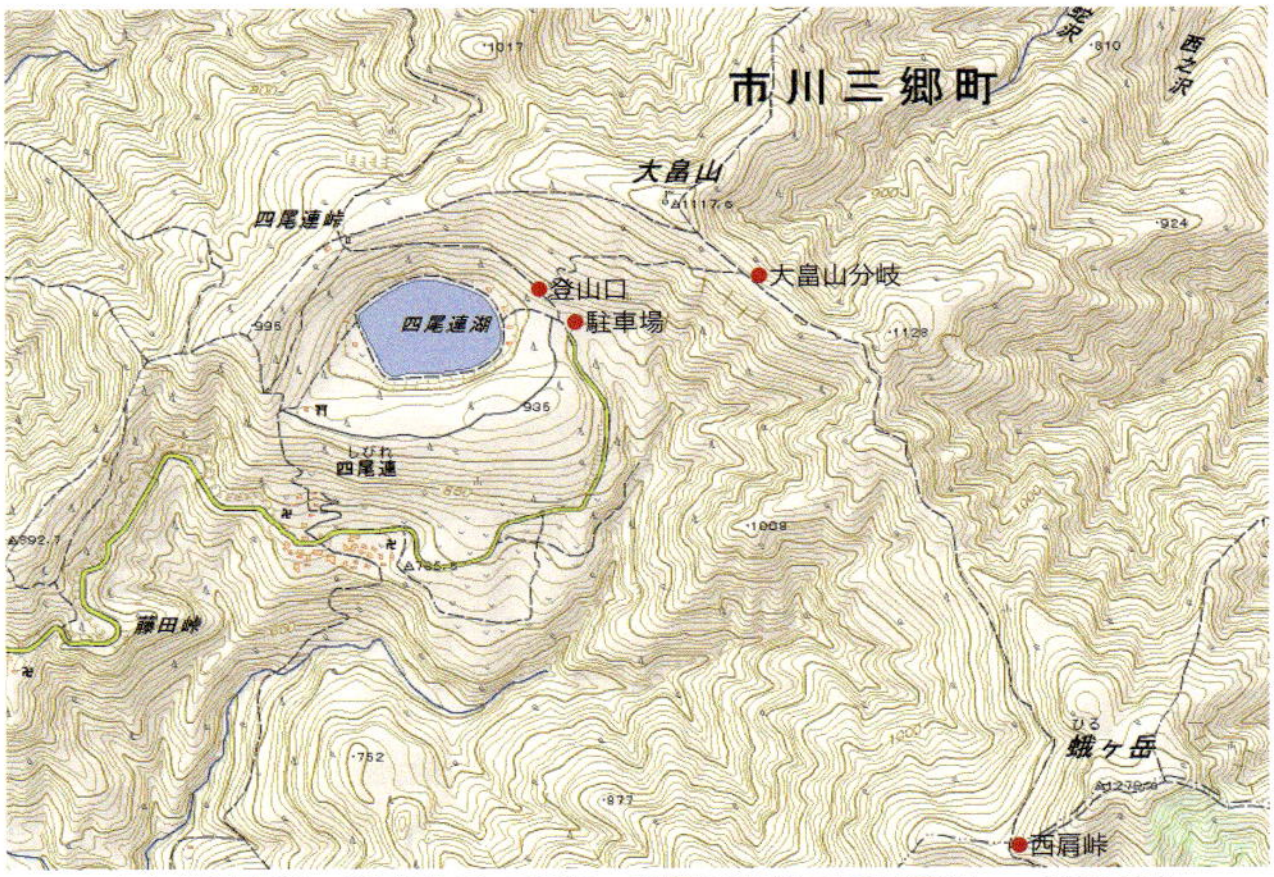

中央自動車道・甲府南 IC で下り、藤田峠を経て四尾連湖へ。駐車場そばの登山口からスタートし、大畠山分岐、西肩峠から山頂へ

ザックに入れておこう

山の経験を重ねるにつれ、ザックの中身に個性が出る。カラフルなナイロンケースは、煩雑になりがちなザックの中を整えてくれて、パッキングが楽しくなる。たとえばぼくは、下山後の「温泉セット」は黄色と決めていて、汗まみれで一刻も早く湯に浸かりたいときに素早く支度ができる。ファーストエイドは赤、行動食は緑といった具合に色別しておくと、山中ではとても便利。そして、どんな山に行くときも、以下の4つのアイテムを必ずザックに入れておく。

★ヘッドライト（写真左）

山中では想像以上に暗くなるのが早い。陽が落ちる前に安全な場所まで下山するのは登山の鉄則だが、山の大きさや陽が落ちる角度によっては、たとえ周囲が明るくても足元は暗いケースがある。暗い山道はベテランでもケガや事故のリスクがある。そんな状況をライトが助けてくれる。両手が使えるのもポイントだ。

★ホイッスル（写真中央）

映画『タイタニック』を観た人は、洋上の救出シーンを思い出してほしい。もはや動くことも叫ぶこともできない極限状態でも、吐く息を大きな音色に変えてくれる魔法のアイテムがホイッスルだ。クマ対策として時おり鳴らすのにも効果的。

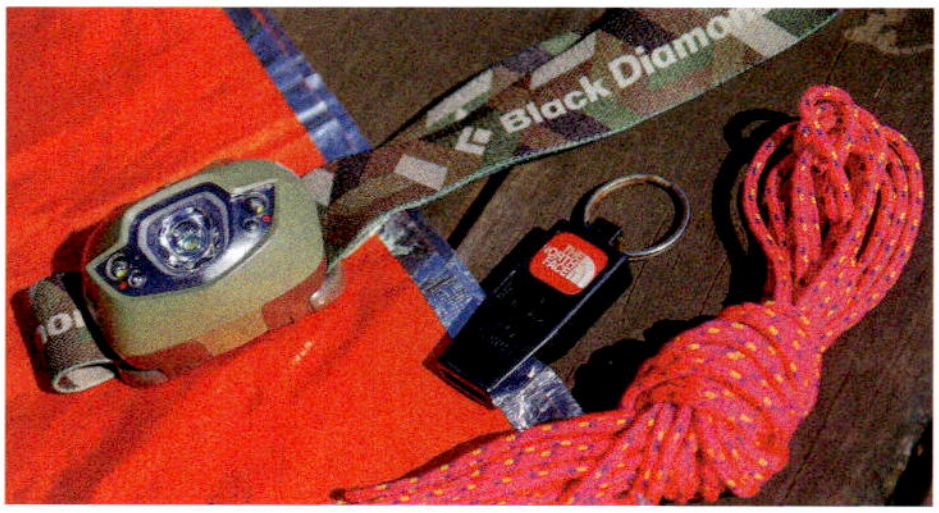

★細引きロープ（写真右）

太さ2～4ミリの細いロープを2mくらい持っておくと、なにかと便利。靴底がはがれた時にソールと靴を縛る、レジャーシートの四隅に結びつけて簡易タープにするなど、使用頻度は低いけれど、予期せぬ状況に際し、想像力でいろんな応急処置に活用できる。かつて雪山を歩こうと冬用パンツに履き替えようとしたら、ベルトがなくて困ったことがある。ふと思いつき、細引きロープをベルト代わりにして助かった。

★エマージェンシー・シート（写真の赤いシート）

薄いペラペラのエマージェンシー・シートに、何度か救われたことがある。遭難時などに身体を包んで暖をとるもので、太陽光を反射するシルバー仕立ては遠くからでも発見しやすい。ある山小屋に泊まっていた夜、突然寒くなり眠れなくなった。掛け布団を何枚かけても効果なし。床が冷たく体温を奪われていたからだ。これでは風邪を引いて寝込んでしまうと焦ったが、体温を逃さないシートを敷くことで難を逃れた。

あるときは、山中でスズメバチに遭遇した。人間の意志など通じない相手だから、興奮したスズメバチに出くわしたら引き返すしかない。しかし、その時はシートにくるまって足早やに現場を通過して難を逃れた。スズメバチは、黒を認識して攻撃する性質がある。シルバーに包まれたぼくは、もはや相手の目に映っていなかったのだろう。

Kanagawa

神奈川の
風土をつくる山と水の恵み

湖沼の癒しあり、川遊びあり、
海の眺めあり。
水とふれあう里山めぐりも楽しめる。

大山《おおやま》

1252m

これほど神さまに愛されている山も、そうはない。関東屈指の聖なる山は、雨によって実りをもたらし、水に関わる人々の祈りを背負ってきた。美しい三角の山は暖かい相模の野にたなびき、海風を恵みの雨に変えて大地を潤す。ゆえに「雨降山《あふりやま》」とも呼ぶ。

七沢森林公園からの大山・東面。
麓に七沢神社の遥拝殿が見える

大磯・湘南平から大山の南面。ここから関東平野が東へ広がる。左は三ノ塔、右は三つの頂をもつ三峰山

日本のすべての山を護るのは、大山祇神《おおやまつみのかみ》。大山阿夫利《あふり》神社には、雷神(大雷神《おおいかづちのかみ》)、水神(高龗神《たかおかみのかみ》)とともに、主宰神として祀られている。地球上でもっともピュアな水を生む山に、人が太古から神を祀ったことも頷ける。山を護り、あらゆる生命の潤いに祈りを捧げてきた。

そんなプリミティブな信仰が、今なお神奈川の大山に残っているのだ。一方では、ミシュランや日本遺産に認定されており、その魅力は国内外でも高く評価されている。

すべての道は、大山に通ず

山、水、雨のそれぞれの神がいる山だから、昔から人々に崇《あが》められてきた。命を育む水を願って雨乞いがくり返され、火伏《ひぶせ》を祈る雨乞いも行われた。そのため、またの名を「雨降山、阿夫利山《あふりやま》」という。

関東各地から、あまたの信仰の一団(大山講)が参拝に訪れるため、道が整備された。これを大山道(街道)という。意外と知られていないが、東京の青山通りはその大山道の一つ。なかでも、東海道・藤沢宿の四ッ谷一里塚(現在の辻堂あたり)から通ずる「田村通り大山道」は、江ノ島への往来にも便利だったため大いに賑わった。

ところで、今でも大山を仰ぎ見る神奈川西部では、ダムの貯水が渇水状態になれば水道局の職員たちが〝雨乞い〟に詣でるとのこと。時代を超えて引き継がれている願いの儀式である。

その雨降山を、雨の降らない晴天の日を狙って訪ねてみよう。

女坂を登って神々の共演の場へ

かつて山頂に巨石があり、神が宿るとして「石尊大権現《せきそんだいごんげん》」なる磐座《いわくら》となった。ここから石尊信仰が始まるが、関東における「石尊」という地名を紐解くと、この大山に通じる。やがて中腹に大山阿夫利神社が建つとこれを下社とし、山頂は本社となって現在に至る。

もともと中腹には、奈良東大寺を開いた良弁《ろうべん》が作った古刹「大山寺《おおやまでら》」があったのだが、その場所を下社に譲り、現在の場所へ移った。

麓からケーブルカーを使わずに歩いて登るなら「女坂」を選択してこの大山寺を訪ねてみよう。女坂の七不思議なる見どころが順に現れ、標高およそ700mの下社まで続くやや厳しい登り道を楽しませてくれる。

ところで、大山は富士山と親子の関係にある。この山を護る「大山祇神」は、富士山に宿る女神・木花咲耶姫《コノハナサクヤヒメ》の父なのだ。大山の秀麗な山容と、霊験あらたかな古来からの信仰が相まって、富士を詣でるなら大山の父上にも挨拶しなければ失礼だと〝両詣り〟がもてはやされた。

大山阿夫利神社の境内の一隅にある浅間社《せんげんしゃ》には、木花咲耶姫とともに姉の磐長姫《イワナガヒメ》が一緒に祀られている。『古事記』などの記紀神話に詳しい方は、あれっと思われるかもしれない。石のように不変の力を持つ姉と、花のような美しさをたたえた妹が、なぜ一緒に祀られたのか。神話に描かれる「嫁入り時のトラブル」により、この姉妹を離して祀ることが多いようだが、詳しい理由が気になる方は、神話の扉を開いてみてほしい。

整備された歩きやすい道が続く

大山阿夫利神社・下社

標高 700m ほどの下社からでも
すばらしい展望。江ノ島が近い

山頂は二十八丁目。それを目安にゆっくり登ろう。途中、樹間からの相模の風景に励まされる

湘南の海を抱く、天空の頂

下社から登拝口が開かれている。祓麻《ハライヌサ》を手にして身を清め、急な階段を上がる。こんな厳かな儀式をして山に入ると、山岳信仰に思いを馳せることができる。山道にしては幅があるため、明るくひらかれた雰囲気だ。点在する巨石や巨木、そして時おり見せてくれる海岸線と街の風景……。

90分も登れば山頂へ。1252mの頂には大山阿夫利神社・本社が鎮座し、第一級の眺めが待っている。湘南海岸をすべて手にしたような気になるが、視界いっぱいの海から立ち昇る暖かく湿った大気が、この真上で雲に転化することを想う。「雨降《あぶり》」の字が阿夫利《あふり》に転訛したが、恵みの雨をもたらす海と山の仕掛けである。

天気がよければ横浜ランドマークタワーや東京の街並、房総半島も見渡せる

女坂から阿夫利神社へ。16丁目、25丁目の分岐を経て山頂へ。下山は広沢寺温泉、日向薬師・七沢温泉に向かうもよし

二重滝と二重神社。ここまで下れば下社も近い

さっきまでいた山頂を振り返り、見晴台でお茶を

山頂を後にしたら「見晴台」へ向かおう。しばらく急な階段が続くが、やがて北東にひらけた展望地へ出る。テーブルとベンチがたくさんあるが、トイレはないので注意したい。

ここから下社に向けて、ふたたび林道の中に入る。30分ほど歩くと、異なる二本の大木が一体となった巨木に出くわす。その素晴らしい佇まいに思わず手を合わせたくなる。

この先には二重滝と二重神社が現れるが、ここに祀られるのは高龗神《たかおかみのかみ》。つまり水を司る龍の神だ。「滝」という文字をよく見れば、そこに龍神が祀られる理由もわかるだろう。

岩壁の山道があったり、鎖場《くさりば》があったりと、下山道はちょっとしたアドベンチャーで面白い。

荘厳な二本の霊木が登山道を見下ろすように聳え立つ

尽きない大山トリビア

大山の周辺は温泉が豊かだ。山頂からの下山途中、鐘ケ嶽《かねがたけ》の広沢寺《こうたくじ》温泉へと下りることができるし、見晴台からは日向薬師《ひなたやくし》の七沢《ななざわ》温泉へ下りることもできる。こうした周辺の山々に続くバリエーション・ルートも主役級の楽しさを備えているので、体力と相談して決めよう。

ケーブルカーの下の麓には、土産店や大山豆腐を味わえる桟敷店が連なり、その間に大山詣りの歴史が染み込んだ宿坊も垣間見える。大山にはまるっと一日二日をかけて遊ぶだけの価値がある。ミシュランで紹介され、日本遺産に認定されたのも、たしかに頷ける「場」である。

岩壁の山道はワクワクと心弾む

神々に愛されし聖なる大山。かつて伊勢国出身の開拓者が、この地の鎮守にと故郷から神さまを勧請した。そう、伊勢神宮だ。もちろん、天照大神の内宮と豊受大神《とようけのおおかみ》の外宮が創られたのはいうまでもない。かくしてこの一帯が「伊勢原」と名付けられた。伊勢、富士、そして山にまつわる神々。この〝東の伊勢〟も物語の深さでは負けていない。

そういえば、東京都内にこの山と縁のある人気ラーメン店がある。その名も「AFURI（阿夫利）」。オーナーはまさしく大山を仰ぎ見て育ったそうで、この神なる山から湧き出る天然水に敬意を払い、今日も幸せのスープを仕込んでいる。

近隣の校歌にも登場するなど、広く一帯から愛されている大山。山の麓にいなくとも「阿夫利」に思いを馳せられる、もってこいの「場」ではないか。

AFURI

大山をかたどったロゴ

▲コースガイド
アクセス：伊勢原駅（小田急線）より
バス「大山ケーブル」下車
駐車場：大山ケーブル付近
山行時間：約２時間半

仏果山《ぶっかさん》 747m ～ 高取山《たかとりやま》 705m

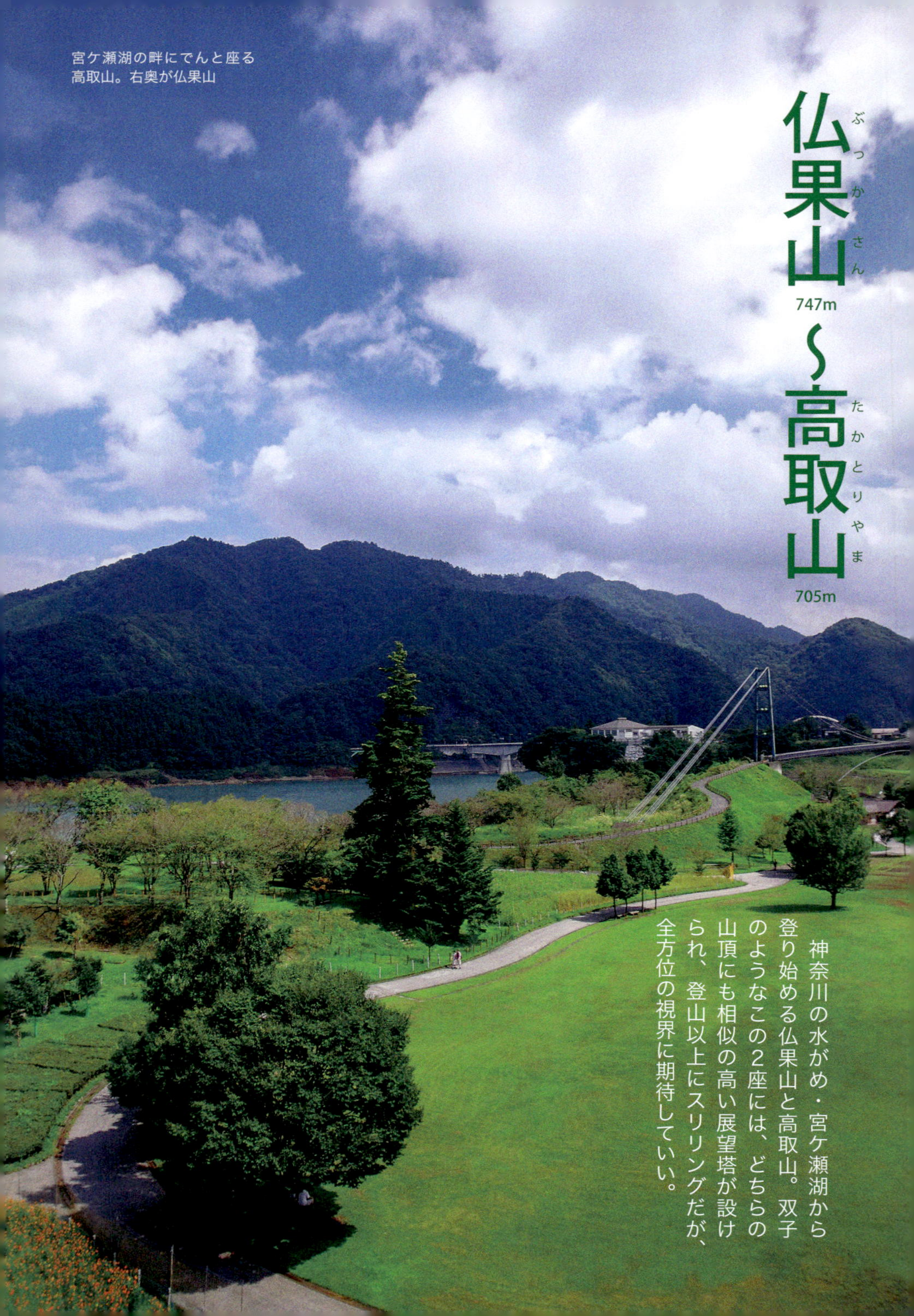

宮ケ瀬湖の畔にでんと座る
高取山。右奥が仏果山

神奈川の水がめ・宮ケ瀬湖から登り始める仏果山と高取山。双子のようなこの2座には、どちらの山頂にも相似の高い展望塔が設けられ、登山以上にスリリングだが、全方位の視界に期待していい。

仏果山の展望塔から眺める相模原。ほどよい低山は町の動きも見てとれる

仏果山と高取山は連なって、神奈川県の水がめ「宮ケ瀬湖」に面している。さほど標高差がないので、気軽に尾根を渡れるのがいい。湖畔から登れば、一つの山の二つのピークを登頂した気分が味わえる。湖と併せてレジャーエリアを形成するこの一帯は、山と水辺をセットで体験できる遊びの空間だ。

二つの山頂、二つの展望塔

いくつかルートがあるが、宮ケ瀬湖の畔にあるバス停「仏果山登山口」から登る宮ヶ瀬越ルートは、双耳峰《そうじほう》を渡る気分が味わえてよい。バス停のある上村橋で宮ケ瀬湖と別れ、階段からスタート。すると、さっそく山ヒル注意の掲示板に出くわす。夏期、丹沢周辺を歩くハイカーの天敵・山ヒルは、忌避剤などの対策をとっておけば安心だ（162ページ参照）。

登山道はよく整備されており、平地のカシと山地のブナを分けるゾーンにはモミの巨木も見られる。ベンチに座って見上げ、ひと息つこう。ここからもうひと踏ん張りで、標高663mの「宮ヶ瀬越」の尾根道に乗っ越す。この分岐を北へ10分ほど辿れば高取山。南へ20分ほど辿れば仏果山。この位置関係が双耳峰を思わせ、高取山が北峰、仏果山が南峰といったところか。

湖畔の登山口に駐車場。宮ヶ瀬越まで一本道で、尾根渡りが楽しめる

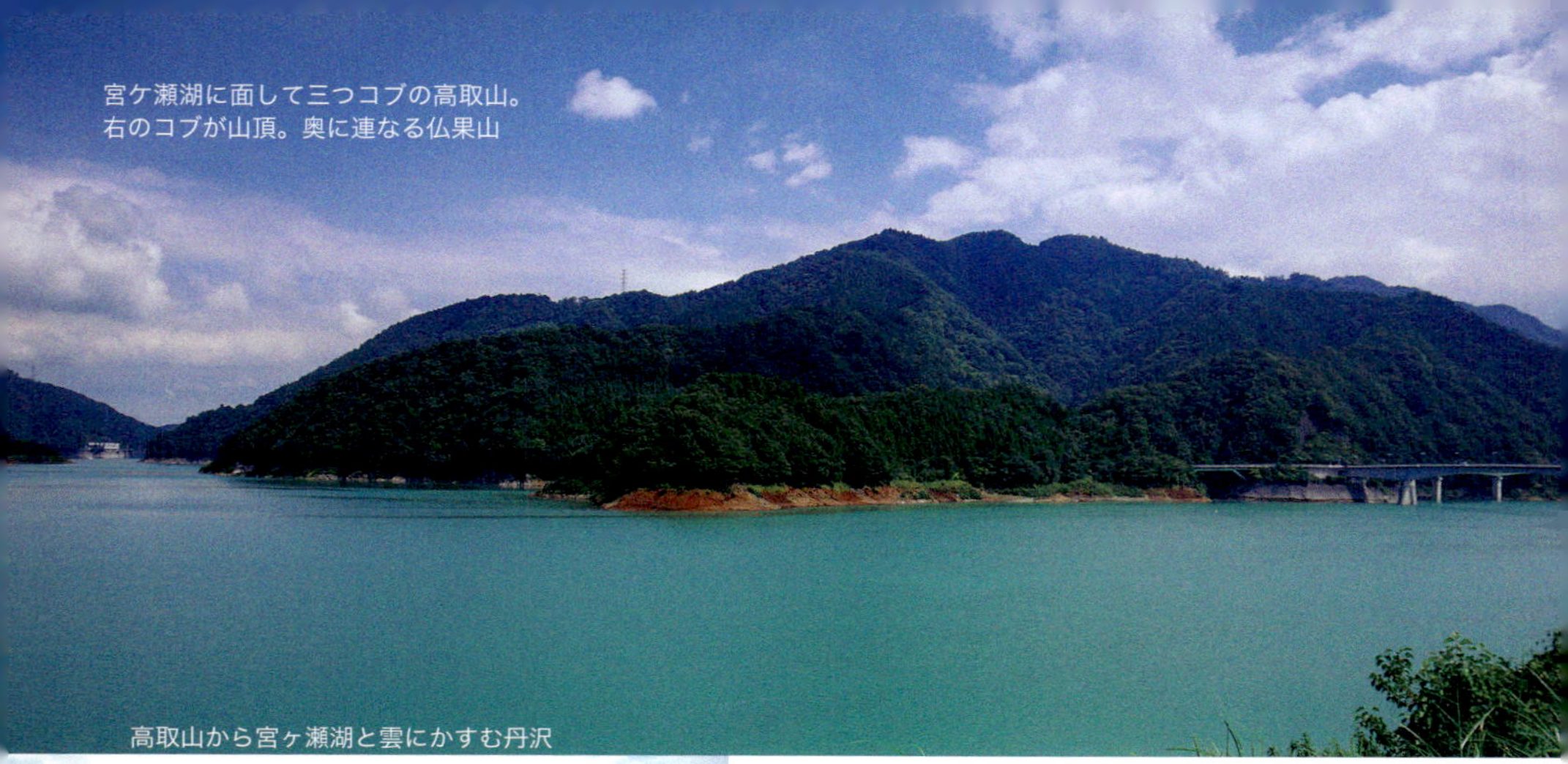

宮ケ瀬湖に面して三つコブの高取山。右のコブが山頂。奥に連なる仏果山

高取山から宮ヶ瀬湖と雲にかすむ丹沢

高取山は７０５ｍの低山で、７４７ｍの仏果山とともに宮ケ瀬湖の東側に並んで座り、なかば独立したような山容でどっしり構えている。どちらの山頂にも、さらに10ｍ以上の高さを積み増した鉄製の展望塔が設えられ、ここからの東西南北の展望が名物だ。しっかり建てられているとはいえ、ここまでの登山の足取りが霞むほどのスリリングな登りが待っている。

いずれも東に東京の町田と神奈川の相模原の眺めが広く、西には東丹沢が大きい。それぞれの山に個性が出るのは、南北の眺めだろう。

高取山は北峰ゆえに宮ケ瀬湖と石老山方面の眺めに恵まれ、南峰の仏果山は三峰山《みつみねさん》と背後に聳える大山《おおやま》の眺めがよい。たおやかな三角形をした大山は、雨を降らす恵みの山だけあって、雲に覆われることが多い。運がよければ、そんな雲の演出によって、水墨画のような霊山の重なりが鑑賞できる。

郷土富士と宮ケ瀬ダム

仏果山という字面には意味がある。今から約七百年前の室町初期、麓の清川村にある正住寺を開いた僧侶・仏果禅師が坐禅修行したことに因《ちな》んでいる。

高取山の展望塔から仏果山の山頂を望む

仏果山の山頂に座る二体の仏さま

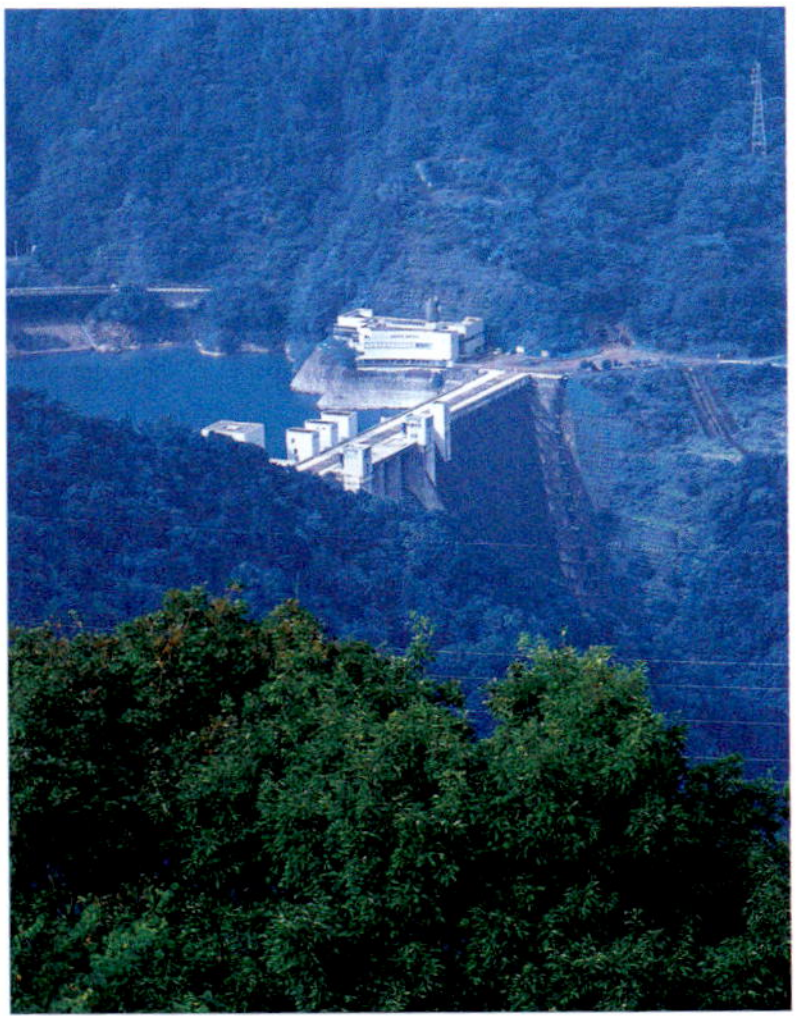

高取山の展望塔から宮ヶ瀬ダムを見下ろす

仏果山は地元では「半原富士《はんばらふじ》」とも呼ばれる「郷土富士」で、山頂では小さな仏さまがハイカーの到着を待ってくれている。帰りは、高取山から宮ヶ瀬ダム方面に下山ルートがある。

宮ヶ瀬ダムは首都圏最大のダムで、横浜市・川崎市を含む神奈川県下15市5町の水道水をカバーする水がめだ。この巨大建造物を見物して興奮した後は、全国でも珍しい定期的な「観光放流」を見学していこう。これを見るために大勢の見学客が訪れている。下山後の火照《ほて》った身体を、ダム放流の水しぶきで冷ますプランは、他の山にはない特典といえそうだ。

夏にはカヌー場が楽しげだ。高取山と仏果山を仰ぎ見ながら湖面を滑るのは、さぞかし爽快なことだろう。

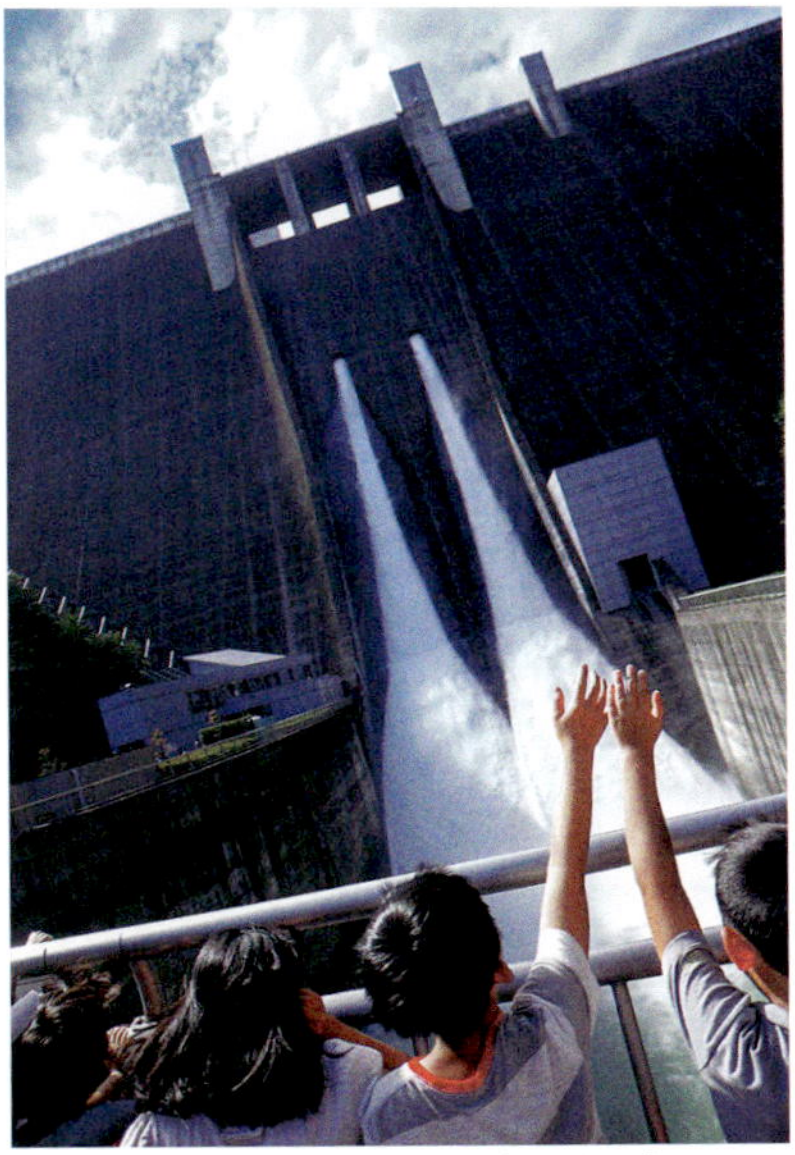

「観光放流」はおとなも子供も大興奮！
スケジュールは宮ヶ瀬ダムHPで

夏のカヌー教室で賑わう湖畔

▲コースガイド

アクセス：本厚木駅（小田急線）よりバス「仏果山登山口」下車
駐車場：仏果山登山口
山行時間：約2時間半

石老山《せきろうさん》

702m

約８キロ南東の高取山から望む石老山

なんとも字面がよい山だ。麓の古刹・顕鏡寺《けんきょうじ》の山号からとった名だが、そもそも「老」とは、年を重ねて得た経験と伝統が備わることを意味する。山中に点在する奇岩怪石は苔に覆われ、まさに老山の風格がある。

桜道展望台からすぐ下に相模湖。
中央自動車道の上に陣馬高原

登山口に古い寺がある。２０１４年の連続テレビ小説『花子とアン』で仲間由紀恵が演じた葉山蓮子のモデル、柳原白蓮《やなぎわらびゃくれん》（大正天皇の従妹）が眠る寺だ。巨石と巨木が印象的な古刹《こさつ》で、その名を石老山顕鏡寺《けんきょうじ》という。石老山は、ハイカーを魅了する見どころを惜しみなく提供してくれる。

お寺には、比叡山延暦寺といった「山号《さんごう》」がついている。寺を開いた僧侶が修行した〝霊山〟の名を取り、山のパワーをこめる意味合いがある。

顕鏡寺を開いたのは源海法師で、この山域が古い石の山ということから山号とした。父の道志《どうし》法師とともに住んだとされる巨石の窟を「道志岩窟」という。相模湖病院の先から、その岩窟をめざして石の参道を歩き始める。水が豊富な山らしく、道にも流れ出している。小川を遡るようで楽しいが、滑りやすいのでご注意を。

苔の道に誘われて精霊の山へ

奇岩怪石の間を縫うように登ると、幽玄の世界に足を踏み入れるようだ。山は高さではなく深さだと思っているが、ここはまさに深山幽谷……この先にどんな世界があるのか、苔の道を辿りながらワクワクしてくる。顕鏡寺に入ると、石老山の名が刻まれた山門の左手に「道志岩窟」がある。高さ７ｍ、幅12ｍもある巨石の岩窟の中は、霊験あらたかな雰囲気に包まれる。

道志岩窟は奥行 5m、高さ 2m

巨岩に巻きつく「蛇木杉」の太い根っこは大蛇のよう

岩窟の表では、奇妙な大木に驚かされる。樹齢四百年を超す杉の神木は「蛇木杉《じゃぼくすぎ》」といわれ、大蛇のような太い根が巨岩を締めるように巻きついている。森羅万象に精霊が宿る気配を感じつつ、「飯縄《いいづな》（綱）宮」の鳥居をくぐると、本格的な山道となる。

途中、奥の院（飯縄権現神社）を護る「擁護岩」や「八方岩」を回るコースと、相模湖や橋本方面を展望できる「桜道展望台」を回るコースに分かれるが、先で合流して「融合平《ゆうごうだいら》展望台」に至る。道標は分岐に必ずあり、ベンチとテーブルも要所に設置されている。ハイカーに優しい山だが、山頂に近づくと急登が続く。

この鳥居から登山開始

登りきったところをピークと勘違いしそうだが、短い尾根を越え、木の階段を登った先に本当の山頂がある。広くてベンチがたくさんあるから、お昼ごろに着くなら〝山の食堂〟にするといい。

この山頂の目玉は、やはり南に連なる丹沢山塊だろう。一番高いのは蛭《ひる》ヶ岳（１６７２ｍ）、その連なりの西には大室山《おおむろやま》（１５８７ｍ）があり、すぐ後ろに霊峰富士が控えている。このアングルから丹沢の主峰を仰ぎ見るのは新鮮だ。眼下の谷を西へ目を向ければ道志村、その先に山中湖がある。

石老山の山頂は広く、ゆっくり休憩できる

冬の山頂から南西の眺望。左は丹沢山塊の大室山。これも山岳信仰の山。同名の山は各地にあり、「室」とは「ムロ、ムレ」という古い朝鮮語で「山」を意味する。美しい大きな山に名付けたと思われる

山頂だ！と思ったら、あと３分！

桜道展望台から東方の眺め。橋本の街と右の丸い山は城山。ここから広い関東平野が広がる

大明神展望台から北東に景信山

下山後にも楽しい選択が

帰りは尾根を「大明神展望台」の方面へ下る。道標に出てくる「大明神展望台」「大明神山ねん坂（鼠坂）」をめざせば、道に迷うことはない。

山頂からほどなく三等三角点があり、ここから先は急な岩場の下りと短い尾根道とが何度も連続して現れる。風が通り、陽がこぼれるなかを歩く尾根道はとても気持ちがよい。登りよりも長く歩くことになるので、楽しみながら下ろう。

小さな祠《ほこら》がある大明神山を経ると、大展望が望める。ここが大明神展望台だ。木々の繁る季節は視界が利かないが、秋冬は落葉して抜群の展望となる。街のビル群から突き出すのは高尾山（５９９ｍ）で、その山稜を西へなぞって中央自動車道の真上あたりに景信山《かげのぶやま》（７２７ｍ）、さらに西へ連なるのは陣馬山（８５４ｍ）だ。

東京から神奈川へ連なる山々を眺めていると、都会にもまだ遊べるローカルがあることに気づかされる。

ちなみに陣馬山の向こう側は東京都、山深いところに檜原村《ひのはら》が位置している。

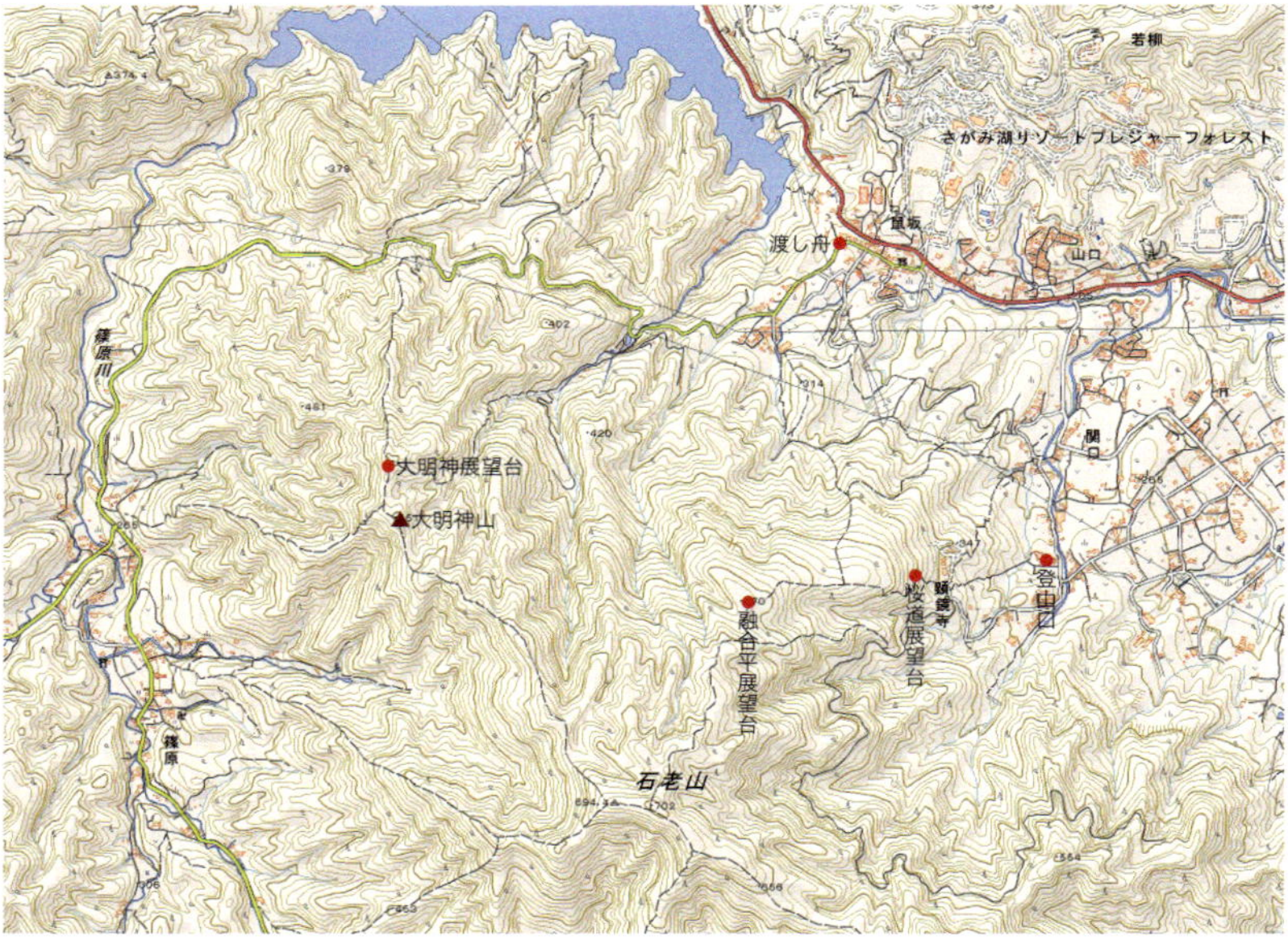

相模湖病院より入山。顕鏡寺からルートは分かれるが、先で合流して山頂に至る。下山は大明神山・大明神展望台を経て相模湖へ

大明神展望台から、相模湖大橋の上に見える集落は甲州街道の宿場町・小原

大明神展望台からの下山は、苔生《こけむ》す岩と豊富な水による沢伝いの道が気持ちよい。やがて相模湖休養村キャンプ場に出て一般道に合流するのだが、さて、ここで悩みどころの選択だ。

そのまま東へ行けば、丘の上に「さがみ湖リゾート・プレジャーフォレスト」が見える。日帰り温泉で汗を流すならこのコースもいいだろう。

また、相模湖に近づくと、「渡し舟」の看板が目にとまる。これは湖を小舟で渡って、対岸のJR相模湖駅までの近道ルートとなる。船を呼ぶにはドラム缶を叩くという名物の渡し舟で、登山の仕上げに珍しい体験ができる。残念なことに、ぼくはその営業日にあたったことがないけれど。

さがみ湖プレジャーフォレスト

帰路の途中にある渡し舟。桟橋はこの下に

▲コースガイド
アクセス：相模湖駅（JR 中央本線）よりバス「石老山入口」下車
駐車場：石老山登山口付近
山行時間：約４時間半

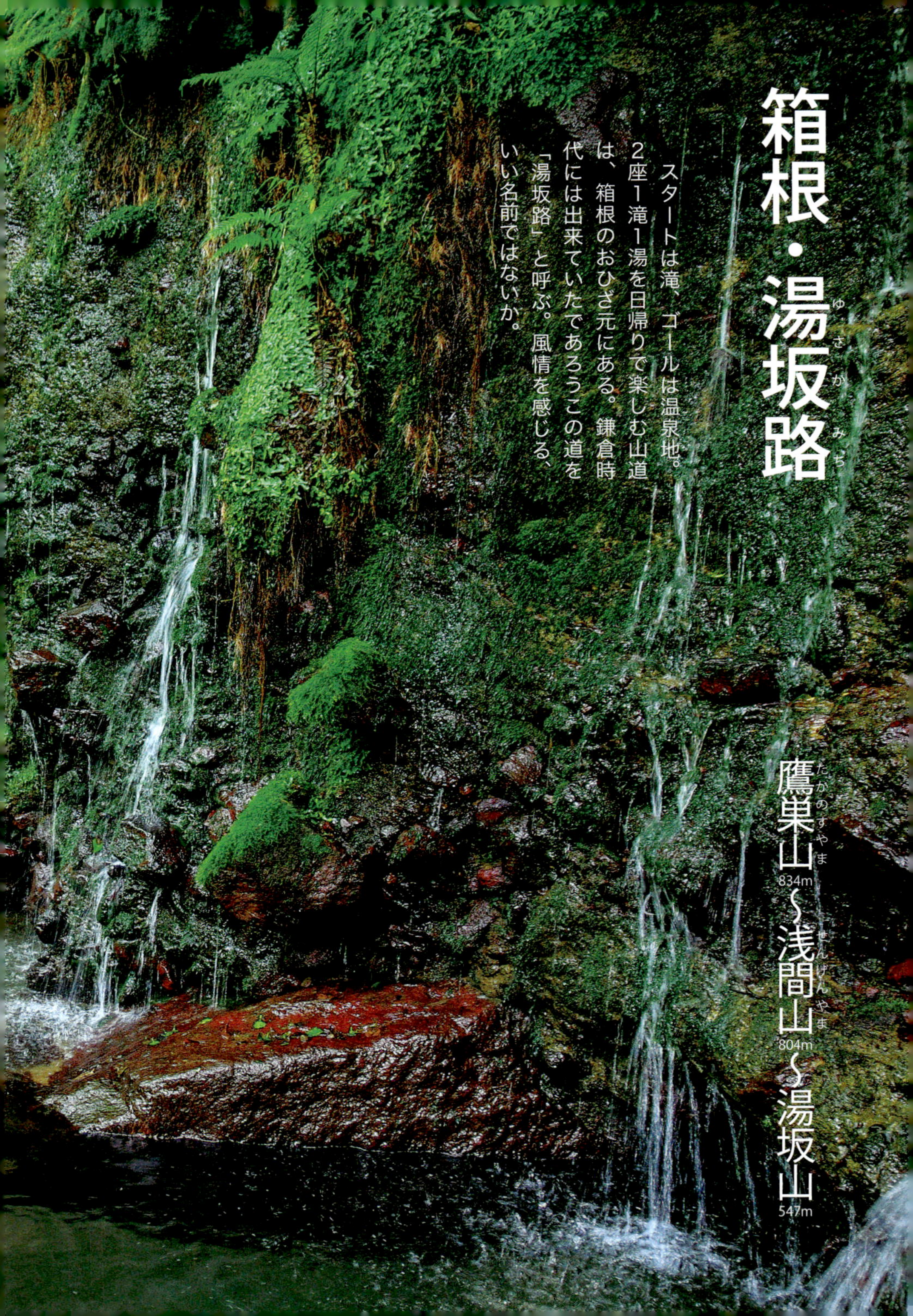

箱根・湯坂路《ゆさかみち》

スタートは滝、ゴールは温泉地。

2座1滝1湯を日帰りで楽しむ山道は、箱根のおひざ元にある。鎌倉時代には出来ていたであろうこの道を「湯坂路」と呼ぶ。風情を感じる、いい名前ではないか。

鷹巣山《たかのすやま》834m～浅間山《せんげんやま》804m～湯坂山547m

千条の滝〜〜〜〜〜〜〜

昔は川や尾根に沿って道が作られた。というより、川や尾根に沿って歩けば、やがて峠を越え、山を越え、隣国へ行くことができた。商売も、旅も、戦も、そうやって山を歩いてきた先人たちによって切り開かれ、踏み固められてきたのだ。ぼくらが楽しませてもらっている山歩きの多くが、そうやって作られた道だと思うと、なんだかワクワクする。

〝箱根越え〟という言葉があるほどに、この山域が難所だったことは知られているけれど、いわゆる東海道とともにこのあたりを通っていたのが鎌倉古道の一部でもある「湯坂路」だ。東京方面からアクセスしやすく、しかも登山後の温泉（と一杯）がゴールという、最高の低山トラベルへ、いざ。

小涌谷から千条《ちすじ》の滝へ

まずはレトロな面持ちのある箱根登山電車に乗って小涌谷《こわくだに》をめざす。スイッチバックと呼ばれる進行方向を入れ替える方式で、粘着式鉄道では日本で最も急な勾配とカーブをぐいぐい上がっていく。登山の前に山岳鉄道を楽しむ束の間の時間があるというのも、山岳リゾートの箱根らしさ。この鉄道を包みこむように紫陽花《あじさい》が咲き乱れる季節は一見の価値あり。梅雨の季節は晴れ間が少ないが、そんなチャンスを狙ってみてもいいだろう。

小涌谷で下車してからは、千条の滝をめざして20分ほど歩く。駅を出るとさっそく案内板があるので迷うことはない。国道1号を横切り、住宅地の間の坂道を上がっていくと、ドクターヘリコプターの離発着場を通過し、やがて「車両進入禁止」の看板が目に入る。ここから自然道に入るが、もうこの段階から沢（蛇骨《だこつ》川）の音がしていて心地よい。しだいに音が大きくなると、苔生《たいせい》した帯状の岩盤を幾筋もの糸を垂らすような千条の滝が現れる。目の前は広場のようになっており、ベンチもあるから休憩もしやすい。

千条の滝の前に面した癒しの空間

小涌谷という地名はこのあたりの大字のことで「こわくだに」と読む。駅名は「こわきだに」

丸山の奥に箱根駒ヶ岳

鷹巣城跡

鷹巣山《たかのすやま》から登り、浅間山《せんげんやま》の紫陽花ロードへ

千条の滝をあとにすると、本格的な山道となる。最初はゆるやかな登りだが、蛇骨川のせせらぎの音が小さくなるにつれ傾斜がきつくなっていく。樹林帯を抜けると西方の視界が開け、丸山とその奥に大きなテーブル状の箱根駒ヶ岳が見える。

浅間山と鷹巣山の分岐を示す道標を見て、まずは鷹巣山の山頂をめざそう。北方に連なる明星ヶ岳〜明神ヶ岳〜金時山を背にして急登を15分ほど登れば、鷹巣城跡に到着する。ここが鷹巣山の山頂で、テーブルとベンチで一息つく。豊臣秀吉の小田原攻めに備えて後北条《ごほうじょう》氏が築いた城で、徳川家康も滞在したと伝える文献もある。

ひと休みして、登ってきた道を引き返し、浅間山をめざす。急な下りは石畳などが滑りやすいから注意しよう。右手には、木々の間から相模湾が見える。麓の海岸線には小田原の街がへばりついている。小田原には海があり、川があり、山もあり、箱根に近く、東京にも出やすい。温泉好きにとっても魅力的な街だ。

先ほどの分岐を示す道標まで戻ると、浅間山へは同じ方向に道がY字に分かれている。右にそれる林道ではなく、左側の細い山道を進むと、きれいな紫陽花《あじさい》ロードが

小涌谷駅から千条の滝を目指す。鷹巣山と浅間山の間にある紫陽花の道を抜け、箱根湯本へ下る

色とりどりの紫陽花が迎えてくれる

待っている。青、白、紅の花に彩られる初夏に歩けば心弾むが、秋もまた燃える紅葉《もみじ》と銀色に輝くススキが迎えてくれる。

しばらく続く紫陽花の道を抜けると、急に芝の原が広がる。テーブルとベンチがいくつか点在するこの場所が浅間山だ。日当たりがとてもいいので、晴れていればうっかり昼寝でもしてしまいそうだ。

しばし休みをとりながら湯坂路なる古道の様子をイメージしてみる。ずーっと昔から、たくさんの旅人が歩いてきた道。彼らのおかげで道が踏み固められ、現代登山シーンにおいてぼくらはその恩恵を得ている。そう思うと胸が熱くなる。

広々とした浅間山の山頂

箱根湯本まで一気に下り、いざ温泉へ！

浅間山から箱根湯本までは、里山のような道をどんどん下る。ここから先は夏場は木々が生い茂るから、日当たりの悪い場所が増える。そのため、ちょっと滑りやすい道がしばしば出てくるので注意したい。下り始めるとすぐ大平台駅への分岐点が現れる。湯本まで歩かずここで離脱する場合のエスケープルートと思っておくといいだろう。

およそ1時間半の単調な下り道をのんびり歩く。この一帯を湯坂山と呼ぶが、戦国の世には合戦の舞台となったことを思うと、昔の人はすごいところに城を築いたものだと感心させられる。湯坂城跡もその一つ。後北条氏が秀吉との戦いを予測して築いた山城なのである。木々からこぼれる陽射しが、かつての戦国の世を感じさせない暖かな雰囲気をつくっている。

湯坂城跡を抜けたら、めざすは温泉だ。国道1号に出ると、湯坂路の登り口を示す案内板がある。古《いにしえ》の旅人が往時の都・鎌倉をめざして歩いた道、その「鎌倉古道」を八百年の時を経て辿ることができる。しかもゴール地点に温泉と鉄道の駅があるのだから、これは日帰りで楽しむもってこいの山だろう。

心地よい芝のなか、細い糸のように道がのびる

浅間山を下ると、大平台との分岐がある

箱根湯本側の登り口

▲コースガイド
アクセス：小涌谷駅（箱根登山電車）
駐車場：箱根湯本駅周辺
山行時間：約４時間

明星《みょうじょう》ケ《が》岳《だけ》
924m

宵《よい》の明星がこの山の上で輝く。そんな情景を由来にもつ明星ケ岳、お盆には頂の山肌に「大」の字が浮かぶ。その位置に立てば、足元の強羅の町が箱庭のよう。

毎年８月16日に催される「箱根強羅夏まつり大文字焼」は、大文字を背景に花火が上がる

雲をかぶる箱根山へ強羅から一直線にのびるケーブルカー

箱根周辺で気楽に山旅を楽しむとなると〝古期外輪山〟と呼ばれる箱根の外側を大きく取り囲む山々がよい。

この外輪山には、北西に明神《みょうじん》ヶ岳などの名山が連なっており、健脚なら明星ヶ岳から一気に金時山まで縦走し、富士山と箱根山をわがものにするのが気持ちよい。明神ヶ岳から南麓にある碓氷峠に下る道は、かつて日本武尊《ヤマトタケル》が東征で通った道だそうだ。

「大文字」からの大展望を

強羅《ごうら》駅から宮城野《みやぎの》橋まで下り、橋を渡ると現れる「明星ヶ岳ハイキングコース」の看板が示す方向へ坂を登る。道路を進む途中、地図や道標もあるので迷うことはないだろう。登山口は木で舗装された階段から始まり、ほどなくハコネザサと樹林になる。しばらく続く心臓破りの急登を越えれば、大文字の上に出る。ここからの眺めは、苦しい登りに耐えたご褒美だ。もう山頂は近いから、絶景を楽しんで行こう。

足元に強羅の町と、箱根登山ケーブルカーやロープウェイがよく見え、あまりに近く感じるせいか箱庭のようだ。正面には箱根駒ヶ岳、神山が間近に聳え、富士山も眼前。このダイナミックな展望が明星ヶ岳の見どころの一つだ。

強羅駅から宮城野橋をめざして登山口へ。
大文字から明星ヶ岳までの稜線を辿る

山頂へと誘うハコネザサのトンネル

箱根の景観を楽しんだら、山頂へ――。

ハコネザサのトンネルをくぐり抜け、緑の絨毯《じゅうたん》が美しい樹林帯を越えると、草が刈り払われた幅広い稜線に出る。ここが山頂？と思いそうになるが、右手（小田原方面）に向かおう。なだらかな稜線のなかに、山頂だけ土が盛られたような小山に出合う。古墳かなと思えるような「御嶽大神」の石碑が立つ頂は聖なる領域だ。

明星ヶ岳からの下山ルートはさまざま

帰りは隣の明神ヶ岳方面へ歩く。奥和留沢《おくわるさわ》みはらしコースの分岐を通り過ぎ、まっすぐ進む。途中アップダウンがあるが、明神ヶ岳へと続く道がはっきりついていて、低山ながらも天空の尾根道を歩くかのような気持ちよさだ。下山するなら「宮城野まで40分」の分岐を下りるが、実際は1時間前後かかると見ておいたほうがいい。下る途中、ギンリョウソウがあちこちで迎えてくれる。別荘地のような場所に出ると、その区画に沿ったような道になるが、私有地には立ち入らないようにしよう。

宮城野への分岐を下りず、そのまま明神ヶ岳まで行って戻るパターンがある。尾根伝いにはここまで歩いてきた道がのびていて、小田原市内に相模湾、そして山頂からは金時山越しの富士山がみごとだ。明神ヶ岳からさらに先へ進めば、その金時山まで至る。あるいは、明星ヶ岳の山頂から東の塔ノ峰《とうのみね》をめざし、塔ノ沢

山頂の展望はないが、人々の祈りの様子が色濃く残る

一見、山頂かと勘違いしそうな乗っ越し

駅や箱根湯本駅へ下りるパターンもある。

ほかにも下山ルートは多彩で、明星ヶ岳を軸にさまざまな帰途があるから地図を眺めて計画を練るのも楽しい。温泉で汗を流し、なお時間が許すなら、小田原の街に立ち寄ってみてよう。山の後の海の幸、これがまた堪《たま》らない！

明星ヶ岳から明神ヶ岳への道のり。歩くだけで楽しい明るい稜線

茎の長さ 15cm の愛らしいギンリョウソウ（銀竜草）。夏には竜のような白い花が木陰で迎えてくれる

宮城野方面と明星ヶ岳方面の分岐

▲コースガイド

アクセス：強羅駅（箱根登山鉄道）
駐車場：強羅駅周辺
山行時間：約４時間

幕山《まくやま》 626m 〜 南郷山《なんごうさん》 610m

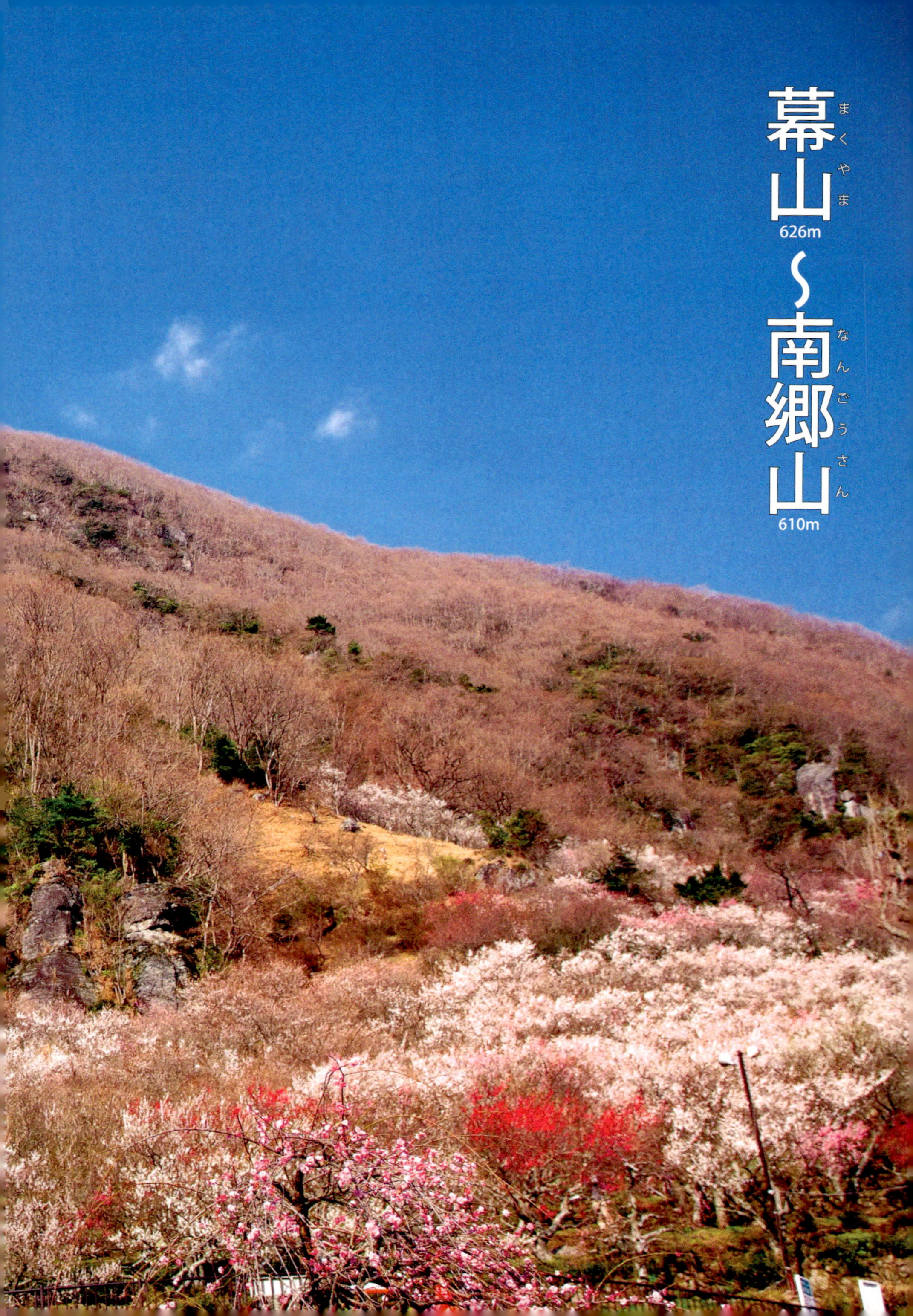

幕山は、海が楽しめる山。頂からの展望は、江ノ島から伊豆半島までの海原を抱き、足元から真鶴半島が飛び出したかのよう。空と海のブルーがつながり、広い山頂でゆったり時間が過ごせる。この相模の海を、かつて石橋山の戦に敗れた源頼朝も眺めたであろう。その頼朝を再起させた道をゆく。

梅で名高い幕山の山容。中腹の大きな岩が“幕のように”立ち並ぶさまがその由来

幕山山頂から眺める真鶴半島

神奈川県には二つの半島がある。鎌倉の先に延びる三浦半島と、小田原・熱海に近い真鶴半島だ。前者には三浦アルプスと呼ばれるご当地アルプスがあり、都心からのアクセスもよくて手軽に低山トラベルが楽しめる。いっぽう真鶴半島には、近隣の温泉に恵まれながら、山というものがない。しかし、この半島をまるごと視界に収められる山なら、近くにある。それが幕山《まくやま》と南郷山《なんごうさん》だ。どちらも６００ｍほどの低い山だが、こんな大海原を楽に見せてくれる低山は、首都圏近郊では貴重だ。

相模湾は三浦半島の城ヶ島から真鶴半島の三ッ石を結ぶ、神奈川の海岸線ほとんどをカバーする大きな湾で、ここには海の文化が色濃い。山帰りには、マグロやキンメダイ、シラスも味わえる。真鶴あたりは鯵《あじ》が旨い。下山後に温泉で汗を流し、アジフライで一杯……が気分だ。

南郷山と歴史の道をセットで巡る

鍛冶屋バス停近くの五郎神社から登りはじめ、南郷山から幕山へ縦走するコースがポピュラーだが、ぼくは幕山から南郷山へ、そしてまた幕山に戻るコースをおすすめしたい。理由の一つは火器にある。幕山の山頂は火気厳禁だからだ。それと知らずにバーナーでお湯を沸かす人をたくさん見かけるが、これは禁止行為だから気をつけたい。

そうはいっても山頂コーヒーやカップラーメンも

真鶴半島は「みどりのイルカ」とも呼ばれる

南郷山からふたたび幕山へ。かなり急なので下りで使おう。
左右をカヤトの薮に囲まれて楽しい下りルート

南郷山で昼ごはん。開けた
山頂からの眺めは抜群！

楽しみたい……というわけで、火器を使ってお昼を楽しむなら、隣りの南郷山という手がある。その山頂もカヤトで広く、幕山の東に位置するので伊豆大島や初島の眺望はこちらの方がいいかもしれない。

朝から登る場合、まず幕山公園の登山口から山頂まで1時間、さらに白銀林道に入り、1時間半ほどかけて南郷山に向かうことになる。すると、ちょうどお腹が空くころに、火器を使える南郷山の山頂というわけだ。

幕山と南郷山の中間には「自鑑水《じかんすい》」という小さな池があり、源頼朝のエピソードが今に伝わる。伊豆に流され「打倒、平氏！」に立ち上がった頼朝は石橋山の戦いで敗れ、少手数で幕山周辺の洞窟に身を隠し、山中を彷徨《さまよ》った。その逃走経路にこの自鑑水がある。水辺で休む頼朝は、水面《みなも》に映るやつれた我が身を見て絶句し自害を思ったが、思い直して乱れた髪を結い、再起を誓う。果たして鎌倉幕府をつくったわけだから、自らの姿を映し見たこの山中の水鑑《みずかがみ》は開運の池といえそうだ。自鑑水はペースや時間配分で、行き帰りのどちらで立ち寄ってもよい。

余談だが、幕山とその南にある城山を結ぶ山道に「しとどの窟《いわや》」という洞窟があり、ここに頼朝が身を隠した。その頼朝を発見した敵方の男がこれを見逃し、後に鎌倉幕府を興《おこ》した頼朝に取り立てられる。『吾妻鏡《あづまかがみ》』に伝わる梶原景時とのエピソードである。

頼朝にゆかりの自鑑水

真鶴岬の突端「三ッ石」
（かながわの景勝50選）

植林から育まれ、やがて森となった
真鶴半島。御林には巨木が点在する

「美の基準」が醸しだす街の風情

ところで、幕山から見下ろす真鶴半島は緑が濃く、青い海とのコントラストが鮮やかだ。小さな半島だから、その突端まで歩いてみるのもいい。

真鶴駅から目の前にある半島に入ると、およそ1時間で真鶴岬の突端に浮かぶ「三ッ石」まで行き着くことができる。その道中、真鶴漁港にも「しとどの窟」と呼ばれる岩穴がある。頼朝が隠れたといわれる場所が、山（湯河原）と海（真鶴）の両方に存在するのが面白い。

半島の道は初めのうちは舗装路だが、岬に近づくにつれ自然道とミックスの遊歩道となる。巨木が点在する森を歩くのだが、ここは実はすべて植林なのだそうだ。木材が必要だった江戸幕府の命により、小田原藩が15万本におよぶ松苗によって緑に塗り替えた。

その後、皇室の御料林となり、今では魚が寄りつく森林「魚つき保安林」として保護されている。こうして真鶴半島は緑美しい〝森〟となり、地元では「御林《おはやし》」として愛されている。

真鶴半島を歩いてみて感じるのが、真新しい建築物やレジャー施設が見当たらないことだ。これは、町の条例のなかに定められた「美の基準」というデザインコードのおかげだという。つまり、真鶴の暮らしが8つの美の原則によって守られているというわけだ。

山を下りたら、麓の街を歩いてみる。土地の歴史と文化が調和した暮らしの息吹を感じ取ることができれば、幕山を訪ねた旅がより深まりそうだ。

真鶴半島を含めた山歩きと街歩きを愉しむ

平成６年に「美の基準」
を定めた真鶴町の屋並み

幕山公園の登山口から幕山をめざす。南郷山へはカヤトの急坂を避けて登る

▲コースガイド
アクセス：湯河原駅（JR 東海道本線）よりバス「幕山公園」下車
駐車場：幕山公園
山行時間：約４時間

ハイカーの天敵「ヒル」対策

なんの痛みもなく、いつの間にか吸われた血はしばらく止まらない……山ヒルにやられ、キャ～と悲鳴をあげる人をたまに見かける。血を吸ってふくれあがったヒルは、確かに気持ちわるい。

丹沢はいい山だが、夏場は下山したハイカーがしばしば「ヒル・チェック」をやっている。シーズン中はショップにも山ヒル用の忌避剤《きひざい》が並ぶほどだ。とはいえ、夏の素晴らしい低山トラベルを避けるのはもったいない。そこで、ちょっとしたヒル対策を――。

●山ヒルを予防する方法

忌避剤を用意しておけば、虫や動物はこれを嫌がって避けてくれる。写真のような山ヒル専用のものが登山・キャンプ用品のショップや、山ヒルが出没する地域ならホームセンターでも入手できる。

これを、登山靴にシュシュっとスプレーしておく。ヒルは靴にとりついて這い上がってくるから、足首あたりも入念に。そのうえでパンツの裾をのばし、しっかり靴にかぶせて、入りこむ隙間をできるだけ塞ぐこと。スパッツ（ゲイター）も効果的だ。外側と内側にもスプレーしておこう。

それでも気になるなら、機能性のタイツや網目の細かいストッキングを履いておくといいだろう。たとえ山ヒルが這い上がってきても、吸血行為をさせない〝最後の砦〟となってくれる。

●山ヒルをはがす方法

山ヒルは〝乾燥〟をもっとも嫌がる。アルコール類をかけたり、火であぶったりすると、ポロっとはがれ落ちる。もちろん、忌避剤を山ヒルに直接かけるのはもっとも有効だが、その場合は人体に影響があるとされる「ディート」と呼ばれる成分が入っていないものにしよう。写真のものは、もちろんディートを使っていない。

ほかにも、木酢液、ポカリスウェット、エアーサロンパスなど、さまざまな手段が有効だといわれている。

いずれにせよ、身体にくっついた山ヒルを無理やりはがそうとして胴体をちぎったりしないこと。そして振り払って地面に落ちたヒルは必ず殺すことが重要。吸血した山ヒルは産卵する性質があって、放っておくと増えてしまうからだ。

土の中に身を潜める山ヒルは、ハイカーが通った瞬間、靴にくっつき、するすると這い上がってくる。

その動作は素早くて、忍者のような忍び足。気づかぬうちに衣類の下に潜り込まれて吸血されてしまう。

「下」にばかりに気をとられていると、「上」が狙われる。ときには木の上で待ち構える山ヒルが、人やシカの吐く息を感じとってポトリと落ちてくることがある。そんな対策のためにも、忌避剤を手ぬぐいなどにスプレーして首に巻いておこう。もちろん、帽子にもシュッとひと吹きを忘れずに。

Shizuoka * Izu

静岡・伊豆を
日がな一日遊び尽くす

伊豆半島の付け根に浮かぶ海上のアルプス。
潮風に吹かれながら
変化に富んだ低山ハイク。

金冠山《きんかんざん》 816m ～ 達磨山《だるまやま》 982m

金冠山から戸田の港を。対岸には世界遺産「三保の松原」

駿河湾を見下ろす達磨山

金冠山から達磨山にかけて続く芝生の道は、ハイカーたちを虜にする。この芝を踏みしめながら眺める富士山は、伊豆半島のこの場でしか味わえない特別なもの。沼津アルプスの全貌と、駿河湾の大きさを眺めながら、富士の裾野の広さにあらためて驚かされる。

ここは伊豆三絶（伊豆の三つの絶景地）に数えられ、とくに「だるま山高原レストハウス」から眺める富士山は、1939年ニューヨーク万博で展示された写真の撮影地。そして、伊豆の主な山をぐるりと数えられるパノラマ展望低山だ。

日本で一番深い駿河湾。そして一番高い富士山。海底から山頂まで高低差6000mに及ぶレンジにある自然資源が、沼津の魅力……そんな謳い文句を体感できるのが、達磨山だ。

ずっと歩いていたい山上の道

出発点のだるま山高原レストハウスへは、修善寺駅からバスで約30分。さっそくニューヨーク万博で賞賛された眺めを拝む。自販機やトイレもあるので、ここで登山の準備をしよう。

トイレの裏手を進むと、金冠山への登山口がある。通称「富士見コース」を登り始めてすぐに防火帯の広い芝生道となる。最初の下りにさしかかると、正面に金冠山の山頂が見える。海上保安庁の中継所があるからすぐわかるだろう。

金冠山の山頂はゆっくりできる広さで、高度を上げたぶん、眺めもいい。北側には富士山と沼津アルプスだが、ここまで登ると初めて西方の展望がひらけ、戸田《へた》の港が姿を現わす。駿河湾から吹き上げる潮風は心地よく、穏やかな晴れの日はとびきりの山行を約束してくれる。

だるま山高原レストハウスから「ニューヨーク万博の富士山」の眺めを。中央に沼津の街。右に連なる沼津アルプス

たえず海を眺めて歩く山、ということで、この山上の廊下に憧れるハイカーは多い。防火帯の機能をもち、歩きやすくて明るい芝生の広い道。この2点をもって週末の候補にしてもよいが、それだけではない。帰りに修善寺あたりで日帰り温泉に立ち寄れるのだから、丸一日遊びつくす充実の低山トラベルになるはずだ。

下山後のご褒美を楽しみに、金冠山から達磨山へと向かう。ここは芝生の防火帯と樹林道のミックスで急なところもあるが、駿河湾を眺める絶景ポイントに恵まれ、飽きさせない道だ。

めざす最初の頂、金冠山が見えてくる

金冠山への防火帯の道は歩きやすい " 山上の廊下 "

達磨山へ向かう途中、ひらけた場所では海を眺めて休憩を

達磨山から見渡す兄弟山

達磨山の山頂は圧巻だ。北に聳える富士の裾野は本当に広い。手前に愛鷹《あしたか》山塊、その麓に沼津の街。そこから右へ伊豆半島の付け根に連なる低山は沼津アルプスだ。湾に浮かぶ小さな淡島はおにぎりみたいで（前ページ写真）、修善寺方面に食い込むように並ぶ伊豆三山（発端丈《ほったんじょう》山、葛城山、城山）も横たわる。振り返れば南東にたおやかな天城《あまぎ》連山、そして西方の一面に広がる大海原は駿河湾……。

ちょうど真西は静岡市。日本平と思《おぼ》しき小高い山には、徳川家康が眠る久能山東照宮が鎮座する。地理好きならば、駿河の国の山と海岸線を立体地図にして想い描けるだろう。

ところで達磨山という名前の由来はというと、静岡県中部から見るとダルマさんの姿をしているとか、滑って転んでもすぐに起きあがれる山だとか、諸説あるらしい。

地域伝承を紐解《ひもと》けば〝天狗三兄弟〟の逸話もある。万二郎と万三郎はそれぞれ万二郎岳（1299m）、万三郎岳（1406m）に棲み、天城山（日本百名山）を形成している。

これに対し、長男の万太郎は達磨山に棲んでるとか。よって、達磨山の別名を「万太郎山」ともいう。

下りの芝道はついスキップしたくなる！

伊豆の山と天狗の関係は、この地に流された修験道の開祖・役行者《えんのぎょうじゃ》にもつながりそうだ。また、西伊豆の長九郎（長九郎山９９６ｍ）を加えて〝天城四兄弟〟とも呼ぶ。機があれば、それらの兄弟たちも訪ねてみるといいだろう。

達磨山の山頂から、歩いてきた山上の廊下を振り返る

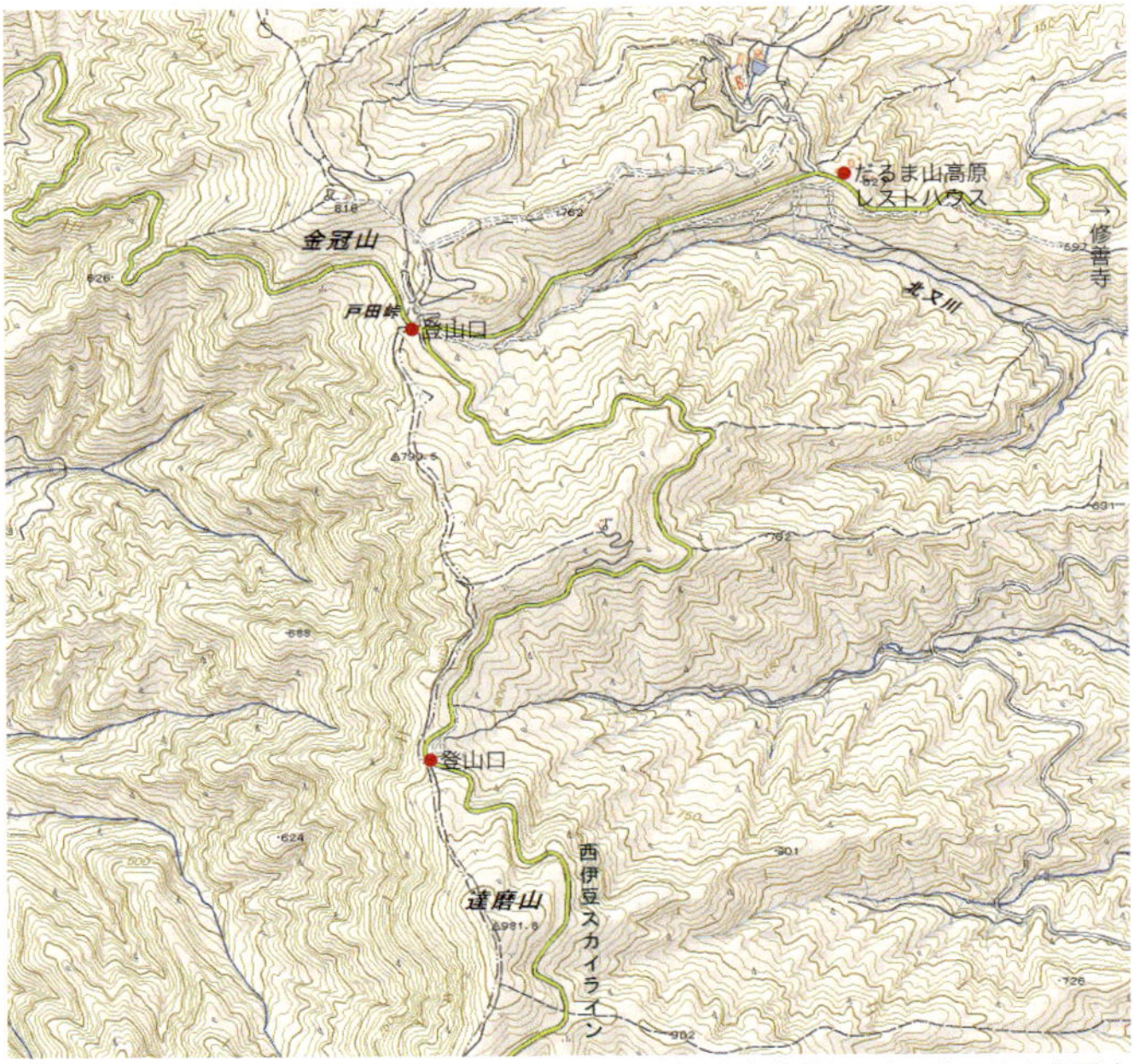

だるま山高原レストハウスから金冠山をめざし、戸田峠を経て達磨山へ

▲コースガイド
アクセス：修善寺駅（伊豆箱根鉄道駿豆線）よりバス「だるま山高原レストハウス」下車
駐車場：だるま山高原レストハウス
山行時間：約３時間半

沼津アルプス

わが町自慢のアルプスは、日本各地にある。なかでも、歩きごたえと展望のよさで知られるのが沼津アルプス。どの山も標高４００ｍに満たないが、山を高さで判断すると痛い目をみる！のよいお手本といえよう。この山脈の象徴は山道のあちこちに立つ可愛い「手作り道標」だ。

伊豆・大瀬崎からの沼津アルプス全景。まるで竜が海から浮き上がったようだ。低いながらも高低差が大きいのがわかる。左（北）から香貫山〜横山〜徳倉山〜志下山〜小鷲頭山〜鷲頭山〜大平山

新緑のなかに淡く浮かぶ桜色

可愛いらしさと厳しさの両面をもつ沼津アルプス。北端に位置する香貫山《かぬきやま》から南の大平山《おおひらやま》まですべて縦走すると、かるく6〜7時間はかかる。

それだけではなく、急登とロープや岩道の連続で、体力だけではなく登山技術もそれなりに求められる。にもかかわらず人気なのは、コース計画にバリエーションがあるためだろう。北の3座は上級者も楽しめる標高400m未満のアルプスだが、北の3座は初心者にも優しい桜の名所である。

沼津アルプスの最北に位置する香貫山（193m）は桜の咲くころ、地元の花見客で賑わう。山頂からは沼津の市街が手に取るようで、静岡県で唯一北上する一級河川「狩野川《かの》」はこの山を回りこむように大きくカーブし、駿河湾に注ぐ。登山口はいくつかあるが、ここでは黒瀬からスタートしよう。すぐに急登となるが、香陵台《こうりょう》の五重塔に直登できる。

バラエティに富んだ登山道

香貫山の山頂から横山《よこやま》（183m）に向かう途中の桜台には、その名の通り桜が多く、ほかの木花も鮮やかだ。稜線を辿りつつ、駿河湾越しに達磨山や大瀬崎《おせざき》を望め、これだけ手軽に絶景ハイクができるのだから、ファンが多いのも頷ける。

八重坂峠でいったん一般道に合流、ふたたび山道にとりつく。

駿河湾の向こうに達磨山と大瀬崎

次なる横山にはロープの急登がある。アスレチック感覚の楽しさもあるが、低山とはいえ起伏のある山々だから、標高のわりには登山をしている感が強いだろう。横山は展望のない山頂だが休憩にはちょうどよい。

日帰りで無理のない挑戦をするなら、ゴールは三つめの徳倉山《とくくらやま》（２５６ｍ）に設定するのがよい。横山を下り、横山峠で沼津商業高校にエスケープも可能。ここからかなりの急登が続くが、鎖《くさり》が設置されているので、休みながらゆっくり登ろう。

振り返れば、西方の海に弓なりの千本浜、すそ野を広げる愛鷹山、その背景には富士の高嶺……。芝生の山頂は広く、ここまでの急登を忘れさせてくれる優しい雰囲気に、つい横になって昼寝でもしたくなるのが徳倉山だ。

多彩なコースにファンが多いといったが、どの山も峠道から麓に逃げることが可能だ。香貫山から徳倉山まではおよそ３時間だが、体力と相談しながら挑戦してもらいたい。

が、本当の醍醐味は、ここからさらに南へ——。

志下山《しげやま》（２１４ｍ）～中将宮《ちゅうしょうぐう》～小鷲頭山《こわしずやま》（３３０ｍ）～沼津アルプス最高峰の鷲頭山《わしずやま》（３９２ｍ）を経て南端の大平山（３５６ｍ）まで踏破し、多比口《たびぐち》のバス停から沼津市内へ戻るコースがおすすめ。ここまで約７時間のアップダウン・ルートだが、山に慣れている人なら、ぜひ挑戦してほしい。

山頂はもちろん、峠、分岐、迷いそうなポイントにも優しい道標

可愛い「手づくり道しるべ」

道中、和《なご》ませてくれるモノがある。ルート上に丁寧に立てられている道標だ。そのカラフルで愛らしい「手づくり案内板」に出くわすたびに、ここ沼津アルプスがより楽しくなる。

道標はすべて沼津アルプスの名付け親、加藤さんら地元の登山愛好会の手作りだとか。視認性の高さ、方向指示の正確さ、色で位置を認識できる工夫が施されるなど、可愛らしさのなかに高い機能が秘められている。低山だからとうっかり入って後悔しているところへ、こんな道標が現れると気分も晴れる。一つ一つを写真に収めて楽しんでいるのは、ぼくだけじゃない。

ところで、沼津は街歩きも楽しい。登山とは別にもう一日あると、オマケの醍醐味を味わうことができる。

沼津港なら海の幸……となりそうだが、港と沼津駅の間にある上土《あげつち》などの商店街もおすすめだ。惣菜パンや行列餃子、あんかけパスタに地ビールと、海の幸以外の食べ歩きはかなり充実している。近年、移住した人が始めたカフェやパン屋なども増え、楽しい町に変貌しつつあるようだ。

登山は地域を知るための有効な手段、というのがぼくの考え方だ。山だけにとらわれるのではなく、山の恩恵を受ける麓の町にもアンテナを立てたい。低山トラベルで、暮らしと山の関わりようを学んではいかがだろう。

最高峰の鷲頭山（奥）と小鷲頭山（手前）

沼津港・魚市場の先に聳え立つ大型展望水門「びゅうお」からの沼津アルプス展望（入場料 100 円）。左から香貫山〜横山〜徳倉山

沼津市役所に近い黒瀬口からスタート。山と峠のくり返しを経て、多比口に至るロングコース

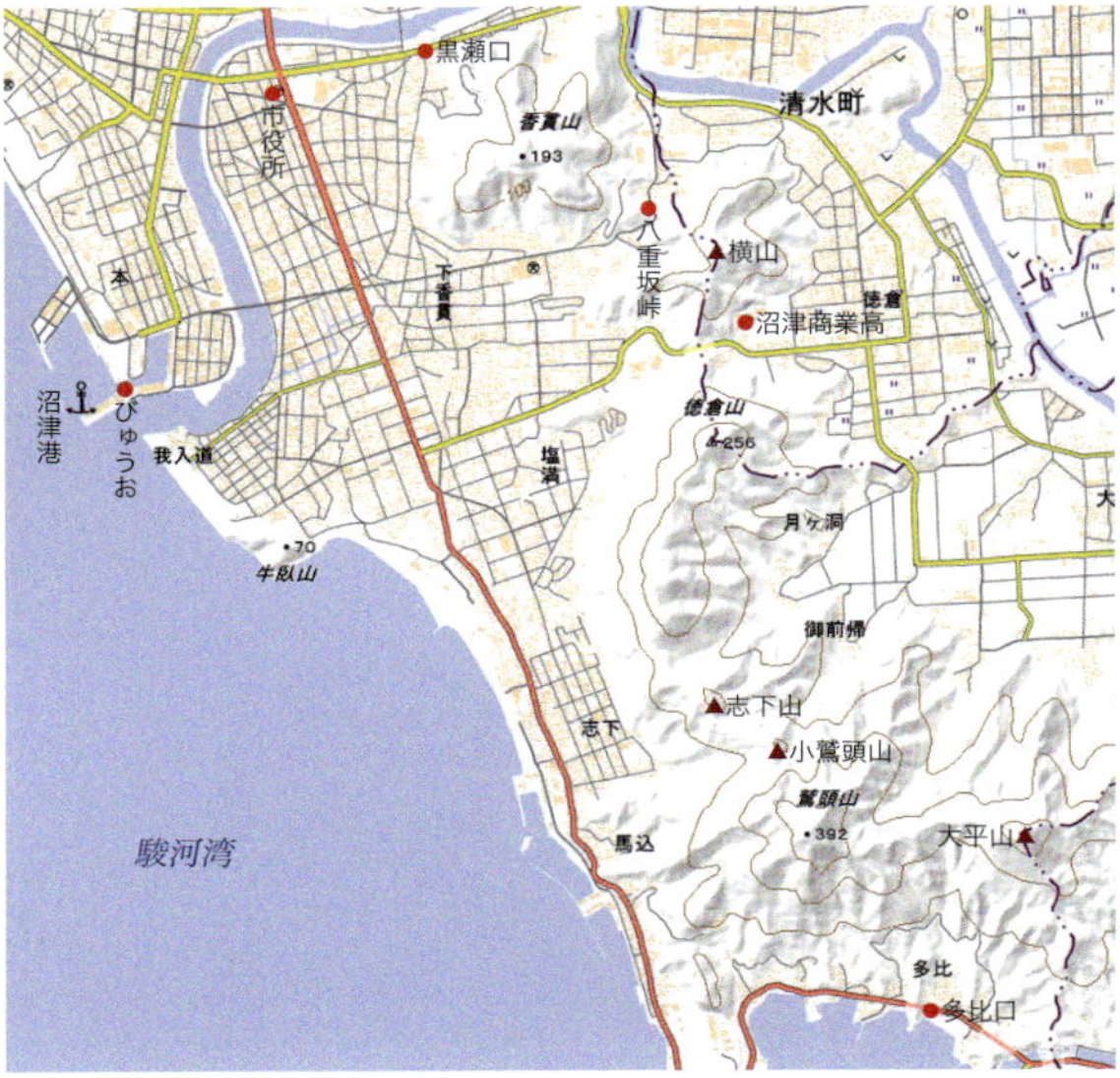

沼津港で楽しむ海の幸。カサゴの唐揚げはインパクト大！

▲コースガイド

アクセス：沼津駅（JR 東海道本線）から徒歩
駐車場：沼津市内各所のコインパーキング
山行時間：約 3 時間半

伊豆山《いずさん》

歴史を変えた縁結びの山

伊豆山神社の奥に鎮座する本宮社。山道を登れば出会える勝利の神

縁談がイヤで山奥へ逃げ込んだ女。追手を逃れ山奥に身を隠した男。その男女が熱海で出会い、日本の歴史は大きく転換する。鎌倉幕府を創った源 頼朝と、その妻・北条政子の物語が息づく伊豆山のことだ。

きれいな海と良質な温泉というイメージを抱く熱海だが、実はよい低山に恵まれた自然と歴史に育まれた地。温泉客が行き交うなかを、登山ウェアに身を包んで歩くのはなかなか痛快だ。お目当ては、伊豆山神社にある。本殿の裏から山に入り、伊豆に導かれてきた神々を巡って、最奥地で待っている勝利の神さまのもとをめざす。

軽い山道歩きが楽しい伊豆山詣で

伊豆山浜の日本三大古泉「走り湯」から始まる階段は837段。その先に伊豆山神社があり、勝利と縁結びのご利益を求めて多くの参拝者が訪れる。大方の人が神社の裏にある白山神社遥拝所でお詣りして引き返すが、ぼくらハイカーは、その先へ進もう。

鳥居をくぐるとすぐさま急登の山道になるが、まもなく白山神社が現れる。

伊豆山浜から続く階段の参道

白山神社の遥拝所。奥へ進んで伊豆山を巡る

参道を辿ると、逢瀬橋バス停からは桜の道に

ここには菊理媛命《くくりひめのみこと》という、巫女《みこ》の起源といわれる神さまが祀られる。「百名山・白山」の山頂にいる女神さまだ。周囲には巨石が点在し、木々が陽光を遮る不思議な雰囲気にあるのは、菊理媛命が活躍した場が黄泉《よみ》の国だからだろうか。

子恋《こごい》の森公園に出ると舗装路になり、トイレもあるので休憩できる。岩戸山《いわとやま》への案内図や「神域です」「清浄第一」の看板も目にとまる。周りには民家もあり、その生活感につい油断するが、ここはまだ神の領域だ。ふたたび山道に入るところで結明《むすびみょう》神社と出会う。ここには日精《にっせい》・月精《がっせい》の二柱の神さまが祀られ、とくに男女の縁結びを叶えてくれるそうだ。鳥居の脇の道を登りきれば、本宮社がある。

伊豆山の奥には岩戸山、その先には日金山《ひがねさん》がある。富士山と十、、、の国の展望で知られる十国峠《じっこく》とも呼ばれる山だ。この日金山につくられた社《やしろ》が、時代の変遷とともにこの地に移り、現在の本宮社となった。

麓の伊豆山神社と同じ勝利の神さまが祀られており、この地で再起を誓った頼朝が鎌倉幕府を築いたことを思えば、そのご利益に期待したくなる。ちなみに、伊豆山は箱根とともに「二所《にしょ》」と呼ばれ、鞍掛山から日金山を経て伊豆山を結ぶルートを二所参詣道といった。湯坂路とともに、鎌倉〜箱根〜伊豆山を結ぶ頼朝ゆかりの信仰の道でもある。

伊豆山神社の境内から熱海の海を一望

伊豆山神社の本殿

結明神社。かつては男女が集まる縁結びのお祭りが行われたという

伊豆山神社のエピソード

帰りは公園側には行かず、近道で下りる。やや細い山道だが、一本道だから迷うことはない。伊豆東岸の美しい入り江が見えたら、やがて伊豆山神社の朱の鳥居が迎えてくれる。

頼朝と政子を結んだ神社の境内にある梛《なぎ》の木は、伊豆半島が北限といわれ、政子が頼朝へ愛を誓った逸話も宿している。

そしてイザナギとイザナミの夫婦喧嘩を仲裁した菊理媛命がいることや、日精・月精という男女和合の神がいること、さらに火と水（温泉のことか）を司る赤龍白龍の伝説を夫婦和合に見立てていることなど、さまざまな歴史上のエピソードを背景に「縁結び」のご利益につながっているのがわかる。

かつて伊豆山は「走湯山権現《そうとうざんごんげん》」と呼ばれ、温泉の湧出点を祀り、頼朝夫婦だけでなく後の北条氏や徳川氏も信仰した。

戸穏（信濃）、富士山（駿河）、大山《だいせん》（伯耆）と並び称された由緒ある神の地である伊豆山と熱海の風土には、寺社と温泉を巡る低山トラベルの魅力がいっぱい詰まっていて、本格的な登山はなくとも楽しい山歩きができる。

そうそう、さっきの朱の鳥居の寄進者は、キョンキョンこと小泉今日子さん。同世代の人にとっては、彼女もまた女神の一人に違いない。

熱海の海が広がり、網代の港の
先に伊豆高原の大室山も見える

伊豆山神社の境内にある朱の鳥居。
入ってくるときは見えないので振り
返ってみよう

下山ルートは公園を右手にそれて、
自然にふれながら神社にもどる

伊豆山は熱海駅の北方に位置し
て海を見下ろす。神社の境内に
詳しい案内図があり、白山神社、
結明神社、本宮社と順に巡り、
ふたたび伊豆山神社へと戻る。
帰りは「朱の鳥居」に注目

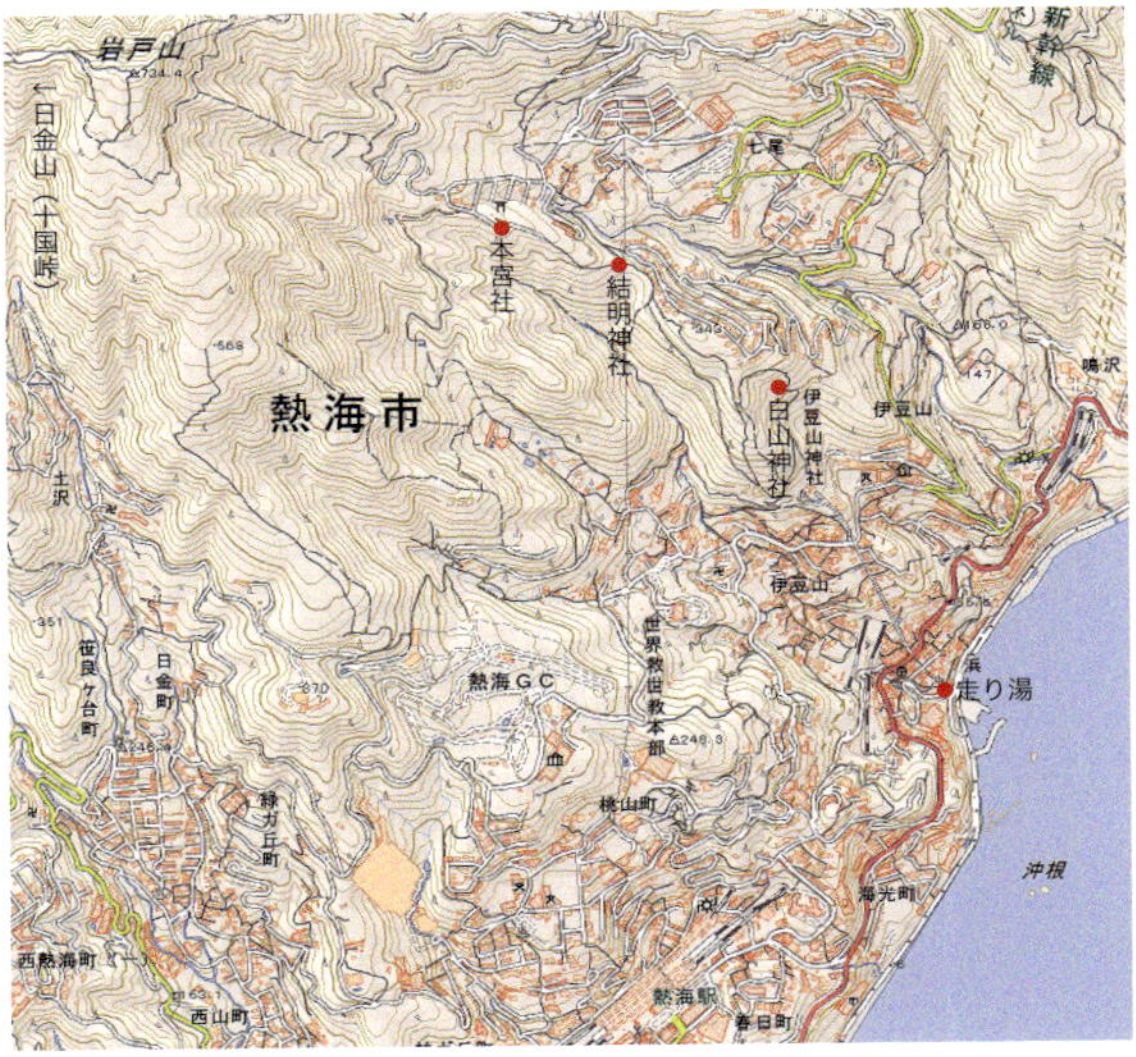

▲コースガイド

アクセス：熱海駅（JR 東海道本線）
よりバス「伊豆山神社前」下車
駐車場：伊豆山神社
山行時間：約２時間半

収録した低山の位置をつかむ広域地図です。「山探し」をしながら交通の便やアクセスのメドをつけましょう（山名の記されていない低山もあります）。

千葉・南房総の山

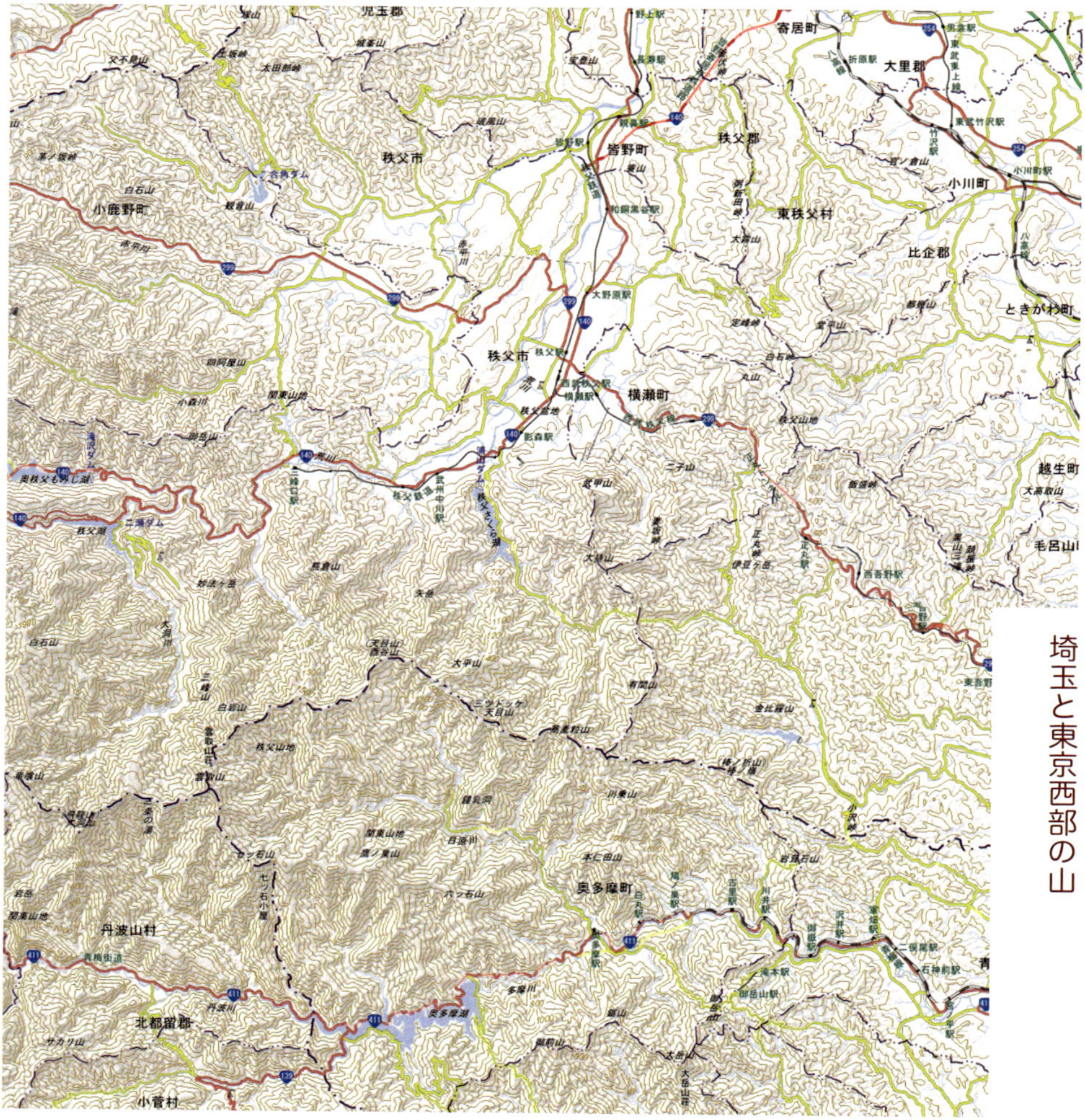

埼玉と東京西部の山

山梨の山と富士山

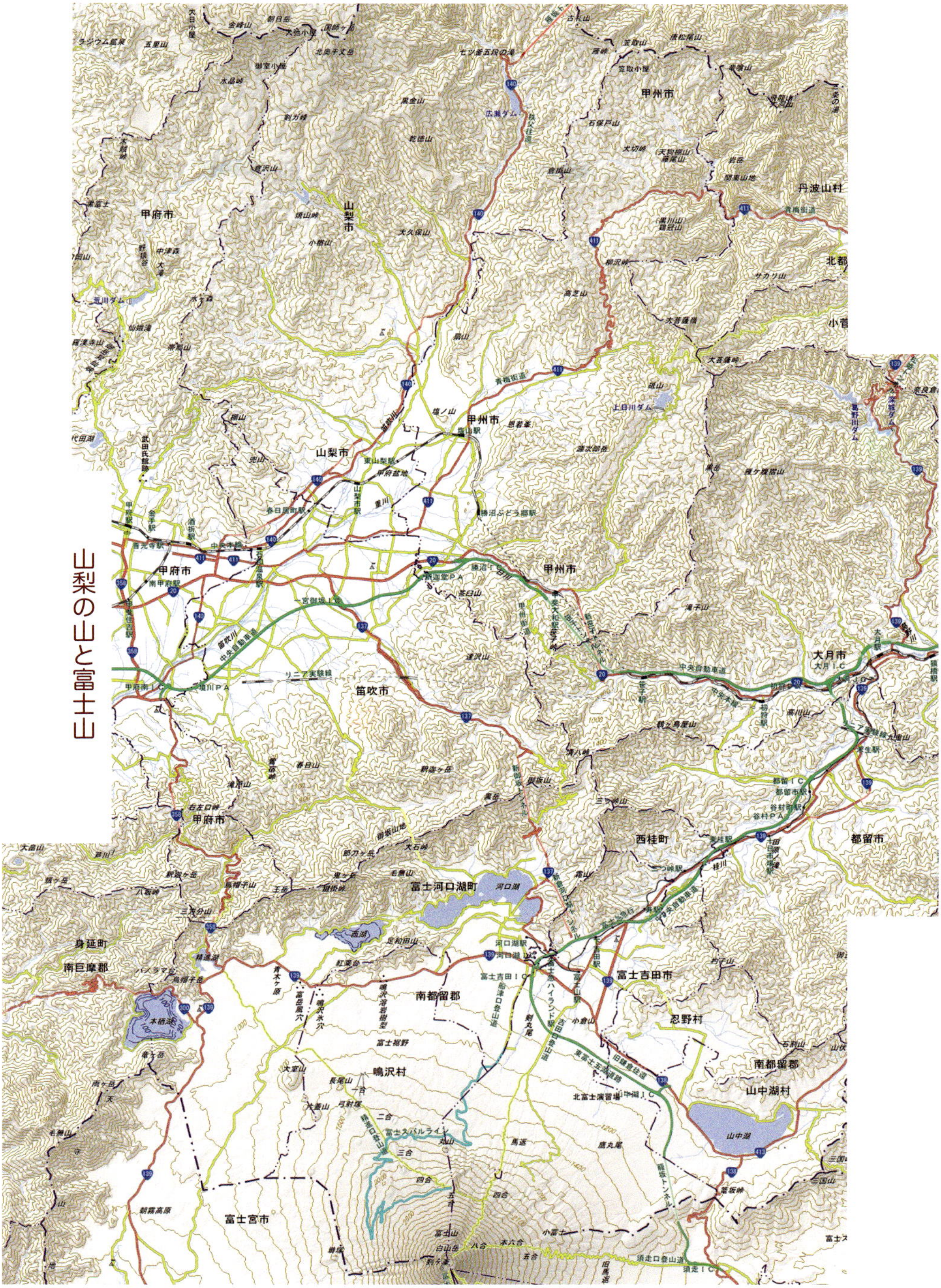

甲州市
丹波山村
北都
小菅
甲府市
山梨市
甲州市
甲府市
大月市
笛吹市
甲府市
西桂町
都留市
富士河口湖町
河口湖
西湖
身延町
南巨摩郡
本栖湖
南都留郡
富士吉田市
忍野村
鳴沢村
南都留郡
山中湖村
山中湖
富士宮市
中央自動車道
青梅街道
広瀬ダム
上日川ダム
甲府盆地
塩山駅
大月IC
都留IC
河口湖IC
富士吉田IC
山中湖IC
須走IC
富士スバルライン
リニア実験線
甲府南IC
大菩薩嶺
御坂山
三ツ峠山

神奈川・丹沢周辺の山

箱根～伊豆の山

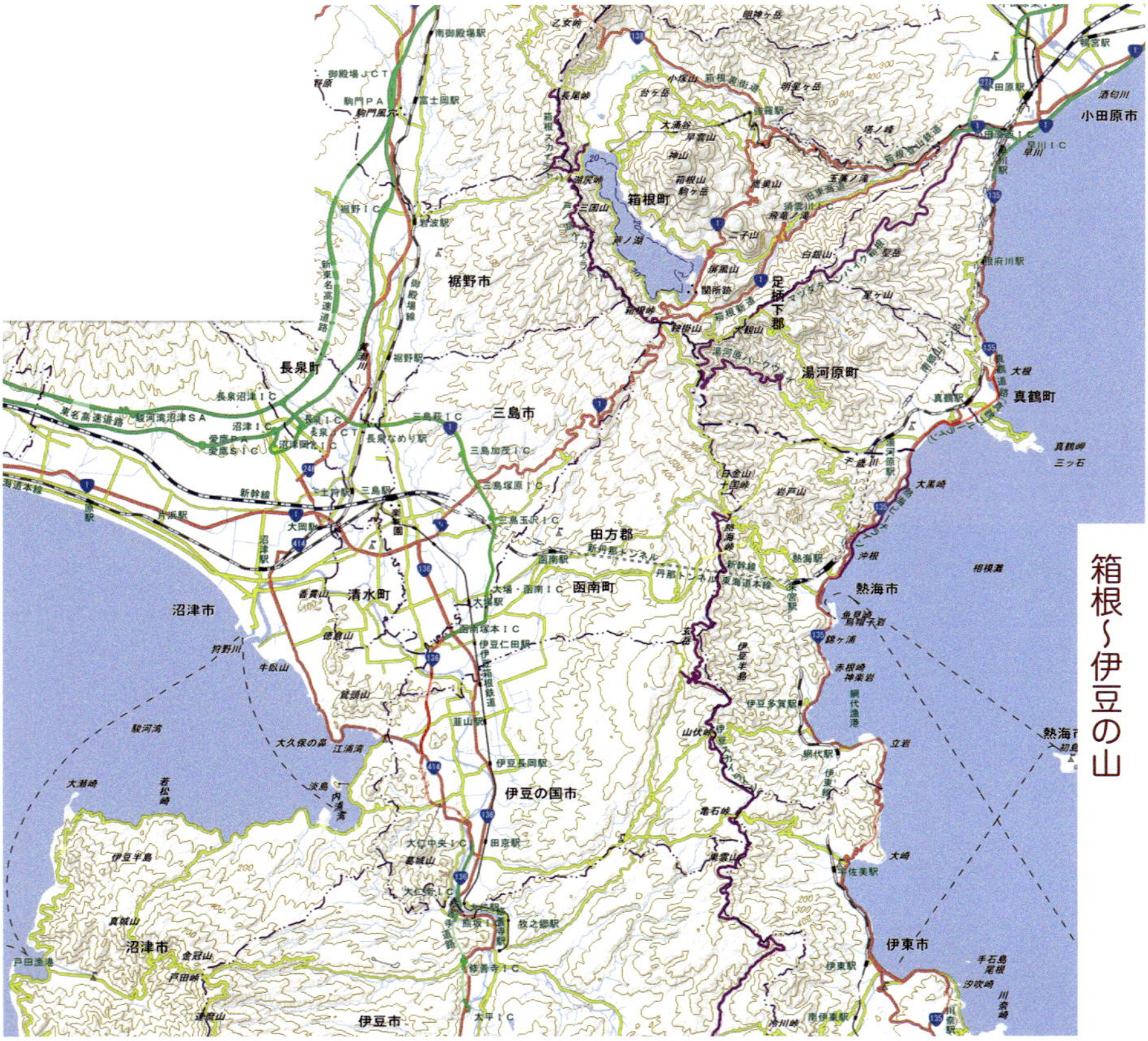

あとがき

ぼくの登山の講座には、いろんな思いを抱く人たちが集います。
「昔そろえた登山道具が、ホコリをかぶったままでして……」
「誘われてノリで始めた登山だけど、きつくて、もっとのんびり山を楽しめないかと……」
「テレビで町歩きの番組や『ブラタモリ』なんか観ていて、山もあんなふうに歩きたい……」

登山といえば、名のある高山にがんばって登るというイメージがあるかもしれません。それも楽しい山登りです。ですが、ぼくは、そこからこぼれ落ちたひと味ちがう山旅の面白さを探し求めてきました。里山に視点を下ろし、人里の上にたなびく低山を巡り歩けば、未知の面白さに出会い、バラエティに富んだ山遊びができるからです。登山情報が少ないほど発見があって面白く、低山ゆえに歴史があって、里に物語が残っています。

そんな愉しみを探し歩いているうちに、縁あって、NHK「ラジオ深夜便」の〝旅の達人〟コーナーに出演することになりました。鉄道やグルメの旅、海外の旅の先輩達人に混じり、ぼくは「低い山を目指せ！」を語ることに……。いささか緊張しながらも、なんとか第一回目の放送を終えた翌日のこと、1通のメールが届きました。「昨夜のラジオを面白く聴きました」という嬉しいメール。なんでも、「ラジオ深夜便」のリスナーで、ラジオをつけたとたん、ぼくが喋り始めたのだとか。送り主は二見書房の方で、あとで聞けば、深田久弥さんの選集もつくられたベテラン編集者さんでした。かつてこの出版社の山岳シリーズに親しんでいたぼくが、こうして「あとがき」を書いているなんて、なんとも不思議なご縁です。山の大先輩と狛犬《こまいぬ》の如く向き合い、あ・うんの呼吸で本づくりに挑戦できたことは、ぼくにとって宝の後学となりました。感謝です！

この本の背景には、親しい山仲間の顔や、支えてくれる家族の姿が浮かんできます。なかでも、自由大学で出会った仲間たち、「ラジオ深夜便」でお世話になっているみなさん、イラストを描いてもらった小春さん、本当にありがとう。また一緒に山に行きましょう。

そして、この本を読んでくださった〝低山トラベラー〟のみなさんと、いつか山で会えることを楽しみにしています。

（征）

著者

大内 征（おおうち・せい）

1972年生まれ、宮城県仙台市出身。東京都武蔵野市在住。

低山に秘められた歴史・伝承を辿り、日本各地を旅する低山トラベラー。独自の登山スタイルを探究しながら山旅のガイドをしている。

かたわら、メディア活動や教養講座を通じて、知られざる山の魅力と好奇心を呼び覚ます“日本再発見”の山物語を発信している。

NHKラジオ深夜便『旅の達人～低い山を目指せ！』にレギュラー出演中。

「自由大学」の人気講座『東京・日帰り登山ライフ』の教授を務め、登山の新たな面白さを、“山好き・旅好き”と分かちあう場をつくる。

各地の手書き地図の面白さを伝える「手書き地図推進委員会」研究員。

ロハスクラブと環境省が催す「ロハスデザイン大賞2015」コト部門の最終選考にノミネート。自治体や教育分野から注目を集めている。

●NHKラジオ深夜便　http://www.nhk.or.jp/shinyabin/
●自由大学　https://freedom-univ.com/
●手書き地図推進委員会　http://www.tegakimap.jp/

低山《ていざん》トラベル

とっておき低山《ていざん》30座《ざ》の山旅《やまたび》ガイド

著者　大内 征《おおうち せい》

発行所　株式会社 二見書房
東京都千代田区三崎町2 -18 -11
電話　03(3515)2311 営業
　　　03(3515)2313 編集
振替00170-4-2639

イラスト　小春あや

地図　国土地理院「地理院地図」(電子国土Web)

印刷　株式会社 堀内印刷所

製本　株式会社 関川製本所

落丁・乱丁本はお取り替えいたします。定価は、カバーに表示してあります。

ISBN978-4-576-16187-7
http://www.futami.co.jp